继续
教育

继续（网络）教育系列规划教材

荣获全国高校现代远程教育协作组评比“网络教育教材建设金奖”

法理学

FALIXUE

吕刚　主编

西南财经大学出版社
Southwestern University of Finance & Economics Press
中国·成都

图书在版编目(CIP)数据

法理学/吕刚主编. —成都:西南财经大学出版社,2017.7
ISBN 978-7-5504-3153-9

Ⅰ.①法… Ⅱ.①吕… Ⅲ.①法理学 Ⅳ.①D90

中国版本图书馆 CIP 数据核字(2017)第 186940 号

法理学
主　编:吕刚

责任编辑:张明星
助理编辑:杨婧颖
封面设计:穆志坚　张姗姗
责任印制:封俊川

出版发行	西南财经大学出版社(四川省成都市光华村街 55 号)
网　　址	http://www.bookcj.com
电子邮件	bookcj@foxmail.com
邮政编码	610074
电　　话	028-87353785　87352368
照　　排	四川胜翔数码印务设计有限公司
印　　刷	成都双流鑫鑫印务有限公司
成品尺寸	185mm×260mm
印　　张	8
字　　数	170 千字
版　　次	2017 年 8 月第 1 版
印　　次	2017 年 8 月第 1 次印刷
印　　数	1—2000 册
书　　号	ISBN 978-7-5504-3153-9
定　　价	19.80 元

总序

随着全民终身学习型社会的逐渐建立和完善，业余继续（网络）学历教育学生对教材的质量要求越来越高。为了进一步提高继续（网络）教育的人才培养质量，帮助学生更好地学习，依据西南财经大学继续（网络）教育人才培养目标、成人学习的特点及规律，西南财经大学继续（网络）教育学院和西南财经大学出版社共同规划，依托学校各专业学院的骨干教师资源，致力于开发适合继续（网络）学历教育学生的高质量优秀系列规划教材。

西南财经大学继续（网络）教育学院和西南财经大学出版社按照继续（网络）教育人才培养方案，编写了专科及专升本公共基础课、专业基础课、专业主干课和部分选修课教材，以完善继续（网络）教育教材体系。

本系列教材的读者主要是在职人员，他们具有一定的社会实践经验和理论知识，个性化学习诉求突出，学习针对性强，学习目的明确。因此，本系列教材的编写突出了基础性、职业性、实践性及综合性。教材体系和内容结构具有新颖、实用、简明、易懂等特点，对重点、难点问题的阐述深入浅出、形象直观，对定理和概念的论述简明扼要。

为了编好本套系列规划教材，在学校领导、出版社和各学院的大力支持下，成立了由学校副校长、博士生导师杨丹教授任主任，博士生导师冯建教授以及继续（网络）教育学院陈顺刚院长和唐旭辉研究员任副主任，其他部分学院领导参加的编审委员会。在编审委员会的协调、组织下，经过广泛深入的调查研究，制定了我校继续（网络）教育教材建设规划，明确了建设目标。

在编审委员会的协调下，组织各学院具有丰富继续（网络）教育教学经验并有教授或副教授职称的教师担任主编，由各书主编组织成立教材编写团队，确定教材编写大纲、实施计划及人员分工等，经编审委员会审核每门教材的编写大纲后再进行编写。自 2009 年启动以来，经几年的打造，现已出版了七十余种教材。该系列教材出版后，社会反响较好，获得了教育部网络教育教材建设评比金奖。

下一步根据教学需要，我们还将做两件事：一是结合转变教学与学习范式，按照理念先进、特色鲜明、立体化建设、模块新颖的要求，引进先进的教材编写模块来修订、完善已出版的教材；二是补充部分新教材。

希望经多方努力，力争将此系列教材打造成适应教学范式转变的高水平教材。在此，我们对各学院领导的大力支持、各位作者的辛勤劳动以及西南财经大学出版社的鼎力相助表示衷心的感谢！在今后教材的使用过程中，我们将听取各方面的意见，不断修订、完善教材，使之发挥更大的作用。

西南财经大学继续（网络）教育学院

2014年12月

目 录

导论 法学和法理学

一、法学的研究对象和范围

我国最早是用“刑”来指代法，先秦时期就有“大刑用甲兵”“刑起于兵”的说法，也制定出了《禹刑》《汤刑》和《九刑》。后“法”和“律”都有用来指称法律。现代意义上作为社会科学分支的法学，则是在19世纪西学东渐以后出现在汉语中的词语，1868年日本法学家津田真道首次用日文汉字“法学”二字来对应翻译英文Jurisprudence，Science of Law以及德文Rechtswissenschaft等西文中现代意义上的“法学”一词。随后，在维新变法时期该词汇传入我国。1896年，梁启超在其《论中国宜讲求法律之学》一文中呼吁：“今日非发明法律之学，不足以自存。”至清末大规模法制改革之时，此词此意已被广泛使用。

（一）法学的研究对象

法学，又称法律科学，是研究法律现象及其发展规律的一门社会科学。法学的研究对象是法律现象及其发展规律。

法律现象是人类社会发展到一定阶段所产生的一种特殊的社会现象，包括法律条文、法律行为、法律职业、法律关系等。学习法学专业不仅是要熟悉法律条文，法律条文只是法律现象之一，学习法学专业更重要的是应当掌握各种法律现象及其彼此之间的关系和发展规律。法学不仅要研究法律现象本身，而且还要通过对法律现象进行综合分析，研究其发展规律。

当然，法学研究的对象不仅包括静态的法律，而且还包括动态的法律，关于法学和政治、经济、宗教、道德、文化等其他社会现象之间的关系，也是研究的内容之一。

（二）法学的研究范围

法学研究的具体范围是与法学的分科有着密切联系的。法学由众多分支学科组成，这些分支学科彼此相对独立又互相联系，从而形成一个统一整体，叫作法学体系。由于法律发展程度和法学研究水平的差别，不同国家、不同时期对法学体系的划分都不太明确，并没有一个固定模式，但在各类划分中，法理学都被置于基础的地位。一般认为，我国当前的法学体系主要由六个部门组成，每个部门又包括若干具体学科，这六个部门是：理论法学（包括法理学、法社会学、法文化学、法经济学、行为法学等）；法史学（包括中国法制史、外国法制史、中国法律思想史、外国法律思想史、法学史等）；国内法学（包括宪法学、行政法学、民法学、刑法学、经济法学、诉讼法学等）；外国法学（如美国宪法学、法国民法学、日本刑法学等）；国际法学（包括国际公法学、国际私法学、国际经济法学等）；法学边缘学科（包括犯罪心理学、刑事侦查学、法医学以及随着科技与社会发展而不断产生的网络法学、基因法学等）。

二、法理学的基本情况

“法理学”一词本为日文汉字，是由日本近代法律文化的主要奠基人穗积陈重创造的。一般认为，穗积陈重为中国人引入西方法理学开辟了道路；中国最早的法理学的名称和内容，也来自穗积陈重等日本学者的研究成果。①

法理学是以作为整体的法律的共同性问题和一般性问题为研究对象的理论法学，着重揭示法律的基本原理。如美国当代著名法学家波斯纳（Richard A. Posner）认为：“所谓法理学，我指的是对所谓法律的社会现象进行的最基本、最一般、最理论化层面的分析。就其总体而言，法理学所涉及的问题，其运用的视角，都与法律实务者的日常关心的事相距甚远。通常，我们把对根本问题的分析称为哲学，因此，传统上将法理学界定为法律哲学或界定为哲学在法律中的运用，这显然是很恰当的。”② 如其所言，法理学是要揭示法律的道理，即为什么是这样的法，其背后蕴含的正当性是什么。而为了揭示法律背后的道理，需要了解各种法律现象，了解具体法律制度的来龙去脉，结合历史背景才能更好地诠释法律制定的由来。因此，其会涉及立法学、法经济学、法社会学等基本理论的问题。与其他具体学科如民法学、刑法学等相比，法理学的研究对象更加抽象，是所有具体学科研究对象一般化的结果，相比于具体的法律问题，法理学研究的是所有具体法律法律现象之下的共同性一般性的问题和现象。由此可见，法理学与其他学科是一般与特殊、共性与个性的关系。

法理学是一门理论法学，在西方普遍称为“法哲学”“法理学”。苏联过去一直把法理学称为“国家和法的理论”，这一名称对我国也曾经产生了很大的影响。到了20世纪80年代以后，各个大学将这门课程称为“法学基础理论”，以后又陆续改用“法理学”这一名称，现在我国大多数人已接受了“法理学”这一称谓。

本书主要从法理学的主要研究内容入手，针对法的各要素、法的价值，从法的渊源谈起，进而学习法的制定、实施运行，通过对这些主要的法律现象的深入认识，来领悟法律背后的道理。

---

① 穗积陈重. 法律进化论［M］. 黄尊三，译. 北京：中国政法大学出版社，1997.

② 理查德·A. 波斯纳. 法理学的问题［M］. 苏力，译. 北京：中国政法大学出版社，1999.

第一章　法的概念

第一节　法的特征

一、法和法律的词源

由于不同的地理环境产生的文明的不同，中国古代和西方法的起源也不同，“法”这个字的产生和内涵也存在着差别。

中国的古代属于农耕生产社会，由此产生的农耕文明影响了中国古代的法的产生。由于土地的不可移动性，统治者需要使人固定在土地上进行劳作，才能维持其统治秩序。这时候，光靠伦理道德已经无法起到很好的束缚人的效果，因而需要刑罚来约束，以此确立森严的行政等级结构，确立统治者的权威性，进而保证农业生产的正常进行，维持统治秩序。中国古代最早的法的词源，也就是由刑罚而产生。

一开始对法的称谓是“刑”，如夏商周时代的《禹刑》《汤刑》《九刑》，这时的法主要是指代军事行动，故有“大刑用甲兵”的说法。

之后对法的称谓变成了古体的“法”字——“灋”，《说文解字》中对它的解释是“灋，刑也，平之如水，从水；廌，所以触不直者去之”。“平之如水，从水”，古代以水面来比拟，一方面意味着法公平、公正；另一方面意味着法严厉的惩罚，古代用来驱逐族人。廌是传说中一种神兽，头有独角，喜直恶曲，古有诀讼，则令之触不直者。表明“灋”有神明裁判的意思，是古代神权法的象征。

后商鞅改法为律，律成为法的新代称。律来自于律管，是一种校正乐音标准的仪器，“律”和“法”同样具有规范、制度之义。

中国古代汉语中“法”“律”“刑”等，都表明了法律主要是通过强制性手段来调整社会秩序，并没有现代“法律”概念所具有的逻辑和内涵。

西方的“法”来源于其海洋文明，古希腊、古罗马的海洋生产方式决定了其社会生活广泛依赖人与人之间的交易，因而需要发达的私法来确定商业交易规则，在此基础之上，其法所蕴含的最重要的价值是平等。

二、法律的特征

法律的特征是指法律区别与其他社会现象的外在属性，其主要有以下几个特点：

（一）规范性

法律的规范性是指法律本身是一种调整人们行为，维护社会秩序的规范。其对人们的行为模式做出规定，应该做什么，不应该做什么，为人们的行为提供一个标准和可以预期的结果。实际上法律也就是社会规范的一种。

（二）普遍适用性

从适用范围上来说，法律具有普遍适用性。

法律规范不是针对特定的人或事，而是具有一般性、抽象性的特点，是针对不特定的人和事所作出的规定；法律在同样的条件下可以反复适用，而不是一次性的。法不是为保护某个特定的人而设立，也不是为约束某个特定的人而制定，它是针对其所适用的范围内不特定的人，给予平等的保护和约束。法律不可以针对某一具体的人或事出台特定的法律规则。因此像国家机关针对特定的人或事制定出的法律文件，就不是规范性的法律文件，比如逮捕令、结婚证书等，这些都是针对特定的当事人做出的只对其有效的文件，仅仅适用于当事人，不能要求不特定的人群，也仅仅只适用当前的特定事件，不能反复适用，因此也就不是法律。

法律的普遍适用性也会和制定它的机关有关，并不是所有的规范性的法律文件都是在一个国家全国范围内起作用，比如在我国地方人大所指定的规范性法律文件，就只能在该地区内发生作用。

（三）由国家制定或认可

法律规范与行业规章、道德规范、宗教规范等其他社会规范的一个重要区别，就是其是由国家制定或认可的。

法律规范分为国家制定的法和国家认可的法。国家制定的法是有关国家机关根据法定的程序制定出的法律，又叫作成文法或制定法。国家认可的法是指有关国家机关赋予社会上已经存在的某种行为规范以法律效力，以这种方式产生的法律多指国家认可的习惯或判例，又称为习惯法、判例法。

其他的社会规范并不是由国家机关制定、认可的，而是由宗教内部、社会风气等自发产生的。但是这并不能说明其他的社会规范就没有国家制定、认可的法的效力强，在特定的场合下，也许道德规范等对人的束缚力更强。

（四）国家强制力

任何一种社会规范，都有一定的强制力来保证其实施。宗教规范主要靠精神力量、信仰来实施，道德规范主要靠舆论来监督实施，而法律规范与其他社会规范的不同之处就在于其依靠的是国家的强制力来保证实施，一旦违反了强制性的法律规范甚至是产生了犯罪行为，就由国家的暴力机关、司法机关强制对其进行限制或制裁。在所有的社会规范中，只有法律是依靠国家强制力来保证实施的。正因为有了国家强制力保障法律规范的实施，使得法律的运行有了可靠的保障。

但值得一提的是，虽然因为有国家强制力作为后盾而使法律得以更好地实施，但并不能过分依赖国家强制力来保证法律的实施。比起被迫守法，公民主动守法是更为理想的法律运行状态，这也是法律本身所想要达到的理想的社会秩序。

第二节 法的本质

任何事物都有现象与本质两个方面组成，现象是本质的外在表现，又反映本质，本质通过现象表现出来。

法律的本质是针对法律现象而言的，法律特征相当于法律的现象，是法律的外在表现形式，而法律的本质则是内部属性，是法律内部更深层次的内涵所在。

一、关于法律本质的主要学说

具有代表性的学说有："法律命令说""人民公意说"。

"法律命令说"是由分析法学派提出来的，认为法律是主权者的命令。英国法学家约翰·奥斯丁认为，法律的本质是主权者的命令。其为了界定法学的研究范围，认为只有实际存在的由人制定的法才是准确意义上的法，将道德从法律中剥离出去，让法学成为一门独立的学科，因此提出法律命令说，认为法律是政治上处于优势地位的人对劣势者的命令。

"人民公意说"是由古典自然法学派法学家卢梭提出来的。卢梭认为法律是公意的行为，公意是经过理性抽象而来的，不是个别人的意志，而是对每个人意志的提炼，是理性的产物。这是由卢梭的人民主权、社会契约论而来的，因为国家是每个个人让渡个人的部分权利而成立的，因此法律也应该是公意的产物，应该是每个人意志的集合。

二、法律本质的三个层次

马克思主义法理学分析了法与社会物质生活条件之间的关系，揭示了法与统治阶级意志之间的内在联系，强调法是统治阶级意志的产物，科学地揭示了法的本质。

（一）法是国家意志的产物

从法律的制定、产生、实施，都能体现出法律的国家意志性。首先，法律是由国家制定或认可的，其代表着国家的意志。国家机关制定、认可某项法律，意味着该法律不仅是符合社会生活的实际需要，更是国家意志所认可的。其次，法律的实施所依靠的国家强制力，也说明国家支持该种法律的实施，该法律反映了国家的意志。

（二）阶级性

国家本身就是阶级的产物，代表国家意志的法律，也是有阶级性的。

所谓的国家意志，其实就是统治阶级的意志，统治阶级凭借着自己在政治经济上的优势地位，将本阶级的意志上升为国家意志，制定成法律。法所体现的阶级意志，是统治阶级共同的意志，并不是某个阶级成员的意志，而是代表整个阶级的意志。

需要注意的是，虽然法律代表的是统治阶级的意志，但并不意味着不对社会其他阶级、阶层的利益进行承认和保护。为了维持社会共同体的存续，在体现统治阶级的利益和意志的同时，法律也会对社会公共利益进行保护，包括一般的社会安全、社会秩序，促进社会的发展和保护自然环境等。

（三）物质制约性

经济基础决定上层建筑，作为上层建筑的法律从本质上来说受到社会物质生活条件的制约。社会物质生活条件从根本上影响着人们的物质生活和精神生活，不同时代社会物质生活条件的不同，决定了在政治、文化、法律等方方面面的不同。社会物质生活条件的变化决定了统治阶级、社会各阶级的意志和利益的变化，因而法律也会随之变化。因此物质制约性是法律本质中最根本的属性。

综合法的特征和本质，我们可以将法定义为：法是由国家制定或认可，并由国家的强制力保证实施的，其本质上是由社会物质生活条件所决定的，反映了掌握国家政权的阶级的共同意志的一种社会行为规范。

第二章　法的渊源与法律分类

第一节　法律渊源

一、法律渊源的释义

法的渊源又叫法源，其含义要区分广义和狭义，也要区分实质意义上的法源和形式意义上的法源。

实质意义上的渊源是指法的来源，是影响法律的政治、经济、文化、历史等。形式意义上的渊源是指法的效力来源，包括法的创制方式和外部表现形式。法的创制方式和外部表现形式使法律之所以成为法律而发生效力，经过法定程序由法定机关创制的形式使其拥有效力。形式意义上的渊源又有主要渊源和次要渊源之分。主要渊源包括制定法、判例法、国际条约和协定等应当优先考虑适用的法律规范。次要渊源包括习惯、法理、学说等，仅仅是在无主要法源可以引用的情况下才考虑适用的。主要法源和次要法源的划分主要是其在具体的司法实践中的影响不同。主要法源是国家预先制定或认可，并以明确的文字形式体现在规范性法律文件中的法律渊源。次要渊源是并非由国家预先制定或认可，也不具备明确的法律文本形式，仅仅由于司法机关的适用才具有了法律效力。另有学者将法律渊源分为正式渊源和非正式渊源，这等同于主要渊源和次要渊源。

法的渊源和法律不同，法律这一概念是相对于法律之外其他事物而言的，表达的是一种权威性的调整社会秩序的规则。法的渊源则是从技术上来说的，是司法者发现法律之处，更加强调的是不同效力等级的法律的具体表现，在司法中如何正确适用。

对于法的渊源的研究，有利于帮助人们区分不同层级的法的渊源的效力。从立法上来讲，任何法律规范都只能由立法主体根据法定权限依照法定程序进行，才能使得其具有法定的效力。从法律适用的角度来说，法的渊源决定了法官发现法律的范围和适用法律的顺序。从范围来说，法官裁判案件所引用的法律被限定在法律渊源的范围里。从适用法律的顺序来说，法官应当努力寻找效力最低的法的渊源来裁判案件，只有在没有找到适当低位阶的法源或者该低位阶的法源与高位阶相冲突时，才能援引高位阶的法源。

二、法的渊源的历史发展和趋势

从整体的法的渊源演进趋势来说，普遍是从习惯法为主体的法律渊源向以制定法为主体的法律渊源演进。早期人类法律不是人类认识社会规律自觉制定法律的产物，而是人类生活经验的产物，体现为习惯、习俗。制定法的出现，一方面是为了克服法律渊源混乱的现象，另一方面是国家主权在法律领域的体现。

奴隶制时期的法的渊源，在古代东方国家主要是习惯法，成文法并不发达。在西方，虽然最初也是大量习惯法，但是其成文法实践开始得很早，如古罗马的《十二铜表法》。法律渊源演进至今，在世界两大法系下，大陆法系以成文法为主要法律渊源，英美法系虽有大量判例法，但是制定法也占据了重要的位置。

三、法的渊源的一般类别

世界各国由于不同的法律传统，在法律渊源上有一定的差异。如大陆法系国家主要以制定法为主，而英美法系国家以判例法为主。

从当今世界主要国家的法的渊源来看，主要有以下几种类型：

1. 制定法

制定法是最为普遍的法律渊源，是指由立法机关或有权立法的机关依照法定程序行使法定权限制定的规范性的法律文件。不论是大陆法系还是英美法系，制定法都占据着重要位置。在很多国家，制定法的地位往往最高，法官在适用法律的时候，也都是优先适用制定法。后文在论述当代中国的法律渊源的时候，主要都是制定法。

2. 判例法

判例法作为法律的主要渊源，在英美法系国家比较普遍。“遵循先例”是判例法的基本原则，英美法系的法官是通过在判例中去寻找和发现法律的规则、原则和法律精神，以此作为司法裁判的依据。

3. 习惯法

习惯法是社会生产和生活中自发形成的行为规范，由于符合人们关于正义的观念，且长期被人们遵循，于是具有了成为法律的合理性。习惯成为法理渊源一般有两种方式，一种是通过进入制定法或者判例法成为法律渊源，比如习惯进入制定法成为其一部分，或者司法判例适用该习惯，使其成为判例中存在的法律规则。另一种是习惯直接作为法律被司法适用，这种适用方式主要用于填补制定法的漏洞或判例的缺乏。如瑞士民法中规定民事法律无明文规定的，可依照习惯进行审理。

4. 法理

法理是对法的理性认识，是人们从法律现象中所认识到的法的一般规律。比起具体的法律规则来说，法理具有抽象性，其蕴含在法律规范之中。在人们认识、学习和实践法律的过程中，逐渐会领会掌握到其中所蕴含的法理。在司法适用中的法理一般包括社会上公认的价值，正义的标准以及法律的解释等。同习惯一样，法理一般被用来弥补制定法或者判例法的缺失，在有具体法律规则的情况下，一般不会考虑适用法理。只有在没有具体法律规范和先例的情况下，由于法官不能拒绝裁判，就需要运用一般的法理来作出裁判。

5. 法学家的学说

从法律史来看，法学家的学说在大陆法系都是法律的主要渊源之一，如古罗马的

《查士丁尼学术汇纂》，其中对于法律的解释和法律问题的回答，就是法官裁判的依据。随着成文法的兴起，法律统一立法，使得法学家的学说逐渐失去了法律渊源的地位。但不可否认的是，法学家的学说对法官裁判依然具有重大影响。

6. 国际条约和协定

国家与国家之间缔结的国际条约和协定对缔约国和加入的国家具有法律约束力，这是国际法的主要渊源。由于国家之间交往的增加、全球化的加快，国家之间的交往往往都是通过国际条约和协定来加以规制的。

7. 宗教教义和戒律

从历史上来看，如果一国人基于对宗教的强烈信仰而普遍遵守的一些规则原则，这些宗教教义、戒律就很有可能进入法律成为法律规范的一部分。在当今世界上政教合一的国家，依然把宗教教义作为国家的法律渊源。

四、我国的法律渊源

我国的法律渊源是指法的具体表现形式，即由我国不同的国家机关制定或认可的，具有不同法律效力和地位的各种法的表现形式。

根据宪法和有关法律的规定，当代中国的法的渊源主要有以下几种：

（一）宪法

作为法律渊源的宪法，是国家的根本大法，具有最高的法律效力，是其他一切法律的立法依据，其指定和修改程序也和一般的法律不同。

宪法在内容上，规定的是国家和社会生活中最根本的问题，包括国家性质、基本政治制度、基本经济制度、公民的基本权利和义务以及国家机构的组成和活动原则等，涉及了国家社会生活中方方面面，但是都是指导性和原则性的规定，和具体的法律规范所作出的具体的法律规定有所不同。

宪法在制定修改程序上也和一般的法律不同。其制定和修改是最高权力机关——全国人民代表大会，通过特别的程序进行的，具有更高的权威性、稳定性。

（二）法律

这里的法律是指狭义上的法律，即由我国全国人民代表大会及其常务委员会按照法定职权和法定程序制定的规范性法律文件。法律是我国主要的法律渊源之一，其地位仅次于宪法。狭义上的法律依照制定主体和调整范围的不同，可以分为基本法律和基本法律以外的法律。

基本法律是全国人民代表大会制定和修改的涉及国家和社会生活中某一方面带有普遍性的社会关系的法律，如《刑法》等。在全国人民代表大会闭会期间，其常务委员会有权对基本法律进行部分补充和修改，但是不能同该法律的基本原则相抵触。

基本法律以外的法律，是由全国人民代表大会常务委员会制定和修改的“除应当由全国人民代表大会制定的法律以外的其他法律”（《宪法》第六十七条）。此外，全国人民代表大会常务委员会所作出的决议和决定，如果其内容属于规范性的规定，而不是一般宣言或委任令之类的文件，也被视为狭义的法律。

无论是基本法律还是基本法律以外的其他法律，其法律效力和地位都仅次于宪法，而高于行政法规、地方性法规、自治条例和单行条例等。

（三）行政法规

行政法规是重要的法的渊源，其地位仅次于宪法和法律。行政法规是由国务院制定的有关国家行政管理活动的规范性法律文件的总称。国务院所发布的决定和命令，凡是有规范性内容和性质的也属于法的渊源，与行政法规具有同等的法律效力。

根据《立法法》的规定，“本法第八条规定的事项尚未制定法律的，全国人民代表大会及其常务委员会有权做出决定，授权国务院可以根据实际需要，对其中的部分事项先制定行政法规，但是有关犯罪和刑法、对公民政治权利的剥夺和限制人身自由的强制措施和处罚、司法制度等事项除外”。由此可见，国务院可以根据授权制定某些原本属于全国人民代表大会及其常务委员会立法权限的法，这称之为“授权立法”或“委托立法”。但必须注意，授权立法也有限制，即有关犯罪和刑罚、涉及公民政治权利和人身自由权以及司法制度等方面的事项不得授权。

（4）军事法规和军事规章

军事法规也是我国法律的一个重要渊源，其地位相当于国务院的行政法规。根据我国宪法的规定，其由中央军事委员会发布。军事法规在武装力量内部实施。

（5）地方法

地方性法规的效力只能在该制定机关所在区域内部发生，其分为一般地方法和特殊地方法。

一般地方法又叫地方性法规，是指由各省、直辖市以及省政府所在的市和国务院批准较大的市的人民代表大会及其常务委员会制定的规范性的法律文件，它们不得与宪法、法律相抵触。省一级的地方性法规要报全国人民代表大会常务委员会和国务院备案，较大的市的地方性法规由省、自治区的人大常委会报全国人民代表大会常务委员会和国务院备案。

特殊地方法又包括以下三种：

①民族自治地方的自治条例和单行条例。根据《宪法》《中华人民共和国民族区域自治法》和《立法法》的规定，自治区、自治州和自治县的人大有权按照当地民族的政治、经济和文化特点制定自治条例和单行条例。自治条例和单行条例可以依照当地民族的特点，对法律和行政法规的规定做出变通规定，但不得违背法律或者行政法规的基本原则，不得对宪法和民族区域自治法律规定以及其他有关法律、行政法规专门就民族自治地方所做的规定做出变通规定。

②经济特区的单行经济法规。广东省、福建省、深圳、海南等地方，先后经全国人民代表大会及其常务委员会授权制定所属经济特区的各项单行经济法规。

③特别行政区的法律。特别行政区法是指特别行政区的国家机关依法制定或认可的，在特别行政区内具有普遍效力的法律规范的总和。

由于我国“一国两制”的实施，全国人民代表大会于1990年和1993年先后通过了《中华人民共和国香港特别行政区基本法》和《中华人民共和国澳门特别行政区基本法》。以香港特别行政区为例，依照香港特别行政区基本法的规定，香港特别行政区的立法会是香港特别行政区的立法机关，立法会根据基本法律规定并依照法定程序制定、修改和废除香港的法律。特别行政区立法会制定的法律须报全国人民代表大会常务委员会备案，但备案不影响该法律的生效。由于特殊的历史原因，香港特别行政区的法的渊源还有其他形式，如原有的判例法、习惯法等。基本法规定，这些法律除与基本法抵触或经香港特别行政区的立法机关做出修改外，予以保留。

（6）部门规章和地方政府规章

部门规章是指国务院各部、委员会、中国人民银行、审计署和具有行政管理职能的直属机构为执行法律和国务院的行政法规、决定和命令，在本部门的权限范围内所制定的规范性法律文件。地方政府规章是指省、自治区、直辖市和较大的市的人民政府所制定的规范性法律文件。

关于规章的效力，一般认为，规章是部门行政机关或地方行政机关制定的，对于人民法院的审判活动不发生必然拘束力，人民法院没有必须使用规章的责任。根据《行政诉讼法》的相关规定，人民法院对于规章是参照适用，在进行司法裁判的时候，没有法律、法规对相应问题做出明确、具体规定，且人民法院通过适当审查，认为相应规章对相应问题做出的规定是明确、具体并且不与法律、法规、法理相违背的情况下，可依据此种规章处理具体案件。

部门规章的效力低于行政法规，地方政府规章的效力低于本级地方性法规，省、自治区人民政府制定的地方政府规章的效力高于本行政区域内较大的市的人民政府制定的地方政府规章，部门规章之间、部门规章与地方规章之间具有同等效力，在各自的权限范围内实行。如果地方性法规与部门规章之间对统一事项的规定不一致，不能确定如何适用时，由国务院提出意见，国务院认为应当适用地方性法规的，则决定在该地方适用地方性法规的规定；国务院认为应当适用部门规章的，必须提请全国人民代表大会常务委员会裁决。如果部门规章之间、部门规章与地方政府规章之间对同一事项的规定不一致时，由国务院裁决。

（7）国际条约和国际惯例

成为我国法律渊源的国际条约，必须是我国同外国缔结或者我国加入并生效的国际法规范性法律文件，而且中国声明保留的条款除外。这种国际条约不属于我国国内法律的范畴，但是依然是我国法的渊源之一。

国际惯例在一定条件下也可以成为我国法的渊源，根据《民法通则》的规定，适用国际惯例的条件是不与我国社会公共利益相违背。

第二节　法律分类

法的分类是指按照不同标准，从不同角度，将法律分为不同种类。通过研究法的分类，来对法律的特点，性质等作更加深入的了解。

一、法的一般分类

（一）成文法和不成文法

这是按照法的创制形式和表现形式为标准的划分。成文法是指制定法，即由有立法权的国家机关制定或认可，并以法律条文的形式出现的法律的总称。成文法最高以及最完善的形态是成文法典。不成文法指不具有法律条文的形式，但得到国家的认可的法律的总称，一般来说包括习惯法和判例法。习惯法来自于习惯，早期人类社会的法都以习惯法的形式表现出来，直到后来制定法的兴起，习惯法就居于次要地位了。判例法主要在英美法系，是以司法机关的判例作为表现形式，国家认可其法律效力的法。

成文法的法律规则清晰、规范，不成文法则需要法律工作人员运用法律知识和手段去发现其中蕴含的法律规则和法律精神。比较之下，不成文法的稳定性更强，习惯法是在长期的社会生活中沉淀下来的法律规则，判例法的遵循先例原则，一般情况下都是和先例相同的判决结果，而这些先例都是很难去改变的，所以预期性和稳定性更强。成文法相比之下由于是立法机关制定的，政治、经济和人的认识都对它有或多或少的影响，并且很容易与社会现实生活脱节。

（二）实体法和程序法

这是以法律的内容和功能的不同为划分标准。实体法规定的是法律主体之间的权利和义务、职责和职权，如刑法、民法等。程序法是法律关系的主体为了实现权利和义务、职责和职权而做的关于其手段、途径、方式的规定，如民事诉讼法、刑事诉讼法。

一般来说，实体法是目的，程序法是手段。但是要注意不要极端化这种观点，将程序法工具主义化，实际上，程序法具有其独立的价值，其本身也是结果具有正当性的一个理由。

（三）根本法和普通法

这是根据法的地位、内容、效力和制定主体、程序的不同为划分标准的。根本法就是宪法，是一个国家的根本大法，具有最高的法律地位和最高的法律效力，其制定主体、制定和修改程序都和普通法不同，规定的内容涉及社会生活的方方面面。普通法就是宪法以外的法，效力低于根本法，制定、修改程序主体的严格程度也和根本法不同。

（四）国内法和国际法

这是以法的创制主体和适用主体的不同所作出的分类。国内法是一个主权国家内，由其享有立法权的机关或其他有权机关制定或认可的、在其国家领域内实施的法。国际法是国家和国家之间通过协议制定或认可的，调整国家之间的关系的法，其形式一般是国际惯例、国际条约等。

（五）一般法和特别法

这是根据法律适用的效力范围所作出的划分。一般法针对的是一般人、一般事项、一般地域、一般时间。特别法针对的是特定人、特定事项、特定地域、特定时间。

一般法和特别法的划分并具有相对性，二者的划分并不是固定的。其划分意义通常来说是为了在司法实践中适用“特别法优先”的规则。

二、法的特殊分类

（一）公法与私法

公法和私法的划分是大陆法系国家对法律的一般划分，最早由古罗马法学家乌尔比安提出来，公法包括宪法、刑法、行政法、程序法、国际法，私法包括民法和商法。

对于公私法所包含的法律部门，法学家们的观点几乎是一致的，但是对于其划分标准，有不同的学说。目前法律关系说是比较多人支持的，该说认为公法是调整国家之间或国家与私人之间权力和服从的关系的，私法是调整私人之间或国家和私人之间的民事关系的法律。

（二）普通法和衡平法

这是对英美法系国家的法律所作出的基本分类。这里的普通法特指的是产生于11世纪的英国，以国王的令状为基础，综合了各地的习惯法，通过司法审判的形式形成的判例法。衡平法是为了弥补普通法产生的不公正，而以公平正义为原则矫正具体司法案件的判例法。

（三）联邦法和联邦成员法

这是对实行联邦制的国家的法律所作出的分类。联邦法是联邦中央制定的法，而联邦成员法是由联邦成员制定的法。在联邦制国家内部对于立法权限、范围等的不同划分，其立法机关在各自的立法范围内制定法律，即使是联邦法，如果超越了法律权限，侵犯了联邦成员的立法领域，那其效力就将低于联邦成员法。

第三章　法律结构与法律效力

第一节　法律结构

一、法律结构概述

法律结构是指各个必备的法律要素所构成的法律系统。法律要素是具体的组成法律结构的基本要素，是整个法律系统存在和发展的基础。对于构成法律结构的法律要素有哪些，目前存在着争论。

当前国内的一般理论认为，构成法律结构的法律要素包括法律概念、法律规则、法律原则和技术性规定。

二、法律概念

法律概念是人们在不断地认识和实践过程中，对具有法律意义的现象和事实进行理性概括和抽象表达而形成的一些权威性的范畴。[①] 法律概念是最基础的法律要素，其他所有的法律要素都是根据法律概念扩展而来的。

从不同角度可以将法律概念分为不同类别。以法律概念所涉及的内容，可以将法律概念分为涉人概念、涉事概念和涉物概念。[②] 从法律关系的角度可将法律概念分为主体概念、权利概念、义务概念、客体概念和事实概念。[③]

法律概念是人们认识法律现象和法律事实的基础，构建法律规则、法律原则等等，都需要在法律概念的基础上。立法和修法需要对法律概念进行准确定义才能指导后续的法律实务工作，具体的司法适用也需要对法律概念进行把握，在形成法律思维和法律文化的时候，也需要思考掌握法律概念，应该说，法律的一切都是由法律概念这一基础要素搭建的。

三、法律规则

（一）法律规则释义

法律规则属于社会规则的一种，与调整人与自然之间关系的技术规则不同，社会

---

① 付子堂. 法理学初阶［M］. 3 版. 北京：法律出版社，2009：135.
② 张文显. 法哲学范畴研究［M］. 2 版. 北京：中国政法大学出版社，2001：57.
③ 孙笑侠. 法理学［M］. 2 版. 北京：中国政法大学出版社，1999：28.

规则是为了调整人与人之间的社会关系而存在的，宗教、法律、道德等都是社会规则。具体而言，法律规则是为了规制约束人们的行为、规范社会秩序而产生的一种以法律权利和法律义务为主要内容、由国家强制力保障实施的社会规则。

（二）法律规则的结构

法律规则包括假定条件、行为模式和法律后果。

1. 假定条件

假定条件是适用法律规则的前提，一般是针对纷繁复杂的社会情况而抽象出来的，发生这类情况或具备这些条件的行为就由该法律规则进行调整。假定条件是法律规则的必备要素，在具体的法律条文中，有些显而易见的假定条件，一般人也能明白的，就可能会省略或者简明扼要地表达；还有一些假定条件可能是和前文相同或者通过一定的逻辑推理可以得出。

2. 行为模式

行为模式是对人们的行为做出要求，指出人们享有的法律权利、应该履行的法律义务及其行为方式。这是法律对人们行为的具体规制和约束，明确指出了法律所期待的行为方式，对人们的行为进行指引。一般来说分为授权式、禁止式和义务式。

3. 法律后果

法律后果是法律对人们行为的评价，针对符合该假定条件下的行为进行评价，得出法律对该行为是做出支持还是反对，并可能要求其承担相应责任。法律后果一般来说有两种表现形式，一种是肯定形式，对符合法律行为要求，做出法律所期望的行为，法律对其保护和肯定，有时候甚至有物质上的奖励。另一种是否定性后果，对于做出法律所禁止的行为，法律予以否定性评价，并要求其承担相应的法律责任，做出法律上的惩罚等。法律后果是对法律所作出的规定的一个保障实施条件，如果没有相应的法律后果，那么法律所倡导的行为没办法得到有效实行贯彻，而法律所禁止的行为也没有有效地禁止。

值得注意的是，法律规则并不等同于法律条文，一个法律条文可能包含几个法律规则，一个法律规则也可能在不同的法律条文中都有规定。

（三）法律规则的种类

（1）根据行为模式、调整方式的不同，可以将法律规则分为授权性规则、义务性规则和禁止性规则。授权性规则是法律授予行为人一定的权利，要求规定主体做出或者不做出一定行为来保证其权利的实现，至于行为人要不要实现自己的权利，在一般情况下，则可以要求实现也可以选择放弃。一般立法中的表述为“有权”“允许”等。义务性规则是指法律要求行为人积极做出一定行为来保证其履行相应的义务，立法中常用“必须”“应当”这一类词来表示。禁止性规则是指法律要求行为主体不得做出某些行为，立法中用“禁止”“不得”等词语表示。

（2）根据强制性不同，可以将法律规则分为强制性规则和任意性规则。强制性规则是必须按照法律规定的行为模式进行行为或者不为，任意性规则是法律给出了一个行为模式，行为人可以选择参照这一行为模式行为，也可以不行为。义务性规则和禁止性规则都属于强制性规则范围。

（3）根据内容的确定性不同，可以将法律规则分为确定性规则和非确定性规则。确定性规则是指法律中已经明确规定了行为规则的具体内容，不需要援引其他规则即可知道其内容和行为方式、后果等。而非确定性规则是该规则本身没有具体的行为方式内容，而是将其委托给某一专门机关加以确定的规则，必须参考相关的规则才能确定行为方式等。比如部门规章中的“依据本法制定实施细则”。

四、法律原则

法律原则表现的是法律所倡导的价值，是相应的法律规则制定所包含的深层次的精神理念。法律原则包含于法律规则之中，但是一般不会直接在具体案件中进行适用，“不能向一般规则逃逸”就体现了这一观点。

法律原则根据不同的标准也可以分为不同类别，根据产生的原因和稳定不同，可以分为公理性原则和政策性原则。公理性原则是被社会广泛认可，由于社会本质而产生的，如公平正义原则等。政策性原则就具有很强的时效性和针对性，是国家针对社会当前的发展而制定的。根据原则的内容性质不同，可以分为程序性原则和实体性原则，公平正义原则就是实体性原则，而如罪刑法定原则等就是程序性原则。

五、技术性规定

在法律的发展中，人们的经验等不断地积累，法律的制定实施等也越来越成熟，而技术性规定也是从粗糙走向越发精细。技术性规定会影响立法水平，影响法律的具体实施，应该重视其作用。

一般来说技术性规定主要有以下几个方面的内容：有关法律文件生效和失效时间的规定，关于公布法律文件的文字形式；在法律文件中对有关概念进行技术性的界定和专门说明的规定，以及对有一定法律意义的具体标志与物品的制作形式、比例大小和尺寸等做出技术性要求和说明的规定，比如对“以上”“以下”等是否包含本数的具体说明；对法律运行各环节中必须应用的专门技术与方法的规定，比如法律解释的方法等。

第二节　法律效力

一、法律效力释义

法律效力是指法律的保护力和拘束力，是国家对于其制定的法律中所调整的范围内的主体保护或者加以约束。

那么为什么法律能够具有保护力和拘束力呢？对此，目前不同的法学派有不同的看法。自然法学派的“恶法非法”，就认为法律的效力来源于其道德性，因为法律本身应该是良法，是大家都认可的法，所以其具有效力。实证法学派是从法律规范要件形式上来研究法律的效力的。他们认为法律的效力来源于更高一阶的法律，而最高的法律效力应该是预定的，是人们制定它的时候就预先给其确定了效力。社会法学派更加强调的是法律的“实效”，重视法律实际上的实施效果，如果法律是被大家良好地遵守着，那么就是有效力的，实际上也是对大家发生着保护力和拘束力。

二、法律效力的等级

法律效力的等级指法律效力的位阶，关系着法律怎样适用，不同法之间的冲突应该判定谁的效力更高。一般来说遵循着以下四个原则：

1. 宪法具有最高的法律效力

宪法作为一个国家的根本大法，具有普遍的拘束力，所有人都应该遵循着宪法活动；具有最高的法律效力，其他法律都是根据它的规则进行具体的规定，不能跟其产生冲突，跟宪法相抵触的法律都是无效的。

2. 上位法优于下位法

根据法律制定主体来确定法律的等级序列，除特别法之外，一般法律制定主体的地位高，法律也就处于上位，上位法的法律效力也大于下位法，下位法不得与上位法相冲突，

3. 后法由于前法

同一制定机关在不同时间针对同一事项制定了相冲突的法律，后颁布的法律效力更高，优先适用后法。

4. 特别法优于一般法

当同一主体针对同一法律事项，既制定了一般法，又制定了特别法，应当优先适用特别法。需要注意的是这一原则针对的是同一主体，如果是不同主体，还需要考虑法律的位阶关系。

分清不同法律的效力高低，主要是为了司法实践中的适用，针对不同法律之间的冲突，怎样选择合适的法律进行适用。

三、法律效力的范围

法律效力的范围是指法律的效力所能够发生作用的范围，包括时间范围、空间范围、对象范围等。

（一）法律的对象效力范围

法律的对象效力范围是指法律对什么主体产生效力，也称为法律的对人效力。这里的“人”是指广义上的人，不仅包括自然人，也包括法律所拟制的人，如企业、国家机关等。

确定对象效力范围的原则，一般包括：①属人原则。即以自然人和拟制人的国籍为标准，只要是本国的国籍，不管在何地因何事，都发生保护力和拘束力。这种原则可以最大程度地保护本国人，但不能管辖本国的外国人。②属地原则。即以主体所处的地域范围为标准，法律的效力遍及本国的所有领域，不论是本国人还是外国人或无

国籍人。该原则能够使法律在本国范围发挥最大的效力，解决了外国人、无国籍人在本国的管辖的问题，但是对于在外国的本国人，就无法进行有效的保护。③保护主义原则。该原则以本国利益为优先，只要是符合保护本国利益这一条件，都有管辖权。该原则之下可以最大限度地保护本国的利益，但是与其他国家在本国上行使主权的行为相冲突，实际上实现的时候有很大的局限。④折中主义原则。即以属地原则为主，结合属人原则和保护主义原则来确定本国法律的对象效力原则。

当代中国的法律对象效力范围也是根据折中主义原则来确定的。首先，对于中国公民，在中国领土范围内的所有事项都适用中国的法律，在外国的行为原则上也适用中国的法律。对于外国人或无国籍人，在中国领土上的行为受到中国法律的管辖，在中国领土范围以外的事项，中国法律有条件地进行管辖。

（二）法律的事项效力范围

法律的事项范围原则指法律对于管辖范围的哪些行为和事项能够发生效力。

法律的事项效力范围一般包括以下几个原则：

（1）确定发生效力的事项范围。即事项法定的原则，一般情况下，有法律明文作出规定的事项才能发生效力，如果法律对此并没有相关规定，就不能产生拘束力。但是在特殊情况下，如法律允许类推的情形下，可以对某些法律并没有明确作出规定的事项也适应相关规定，并产生相应的效力。

（2）一事不再理原则。指同一机关不能受理同一当事人就相同的事所作出的两次或两次以上相同的法律请求。该原则既是维护司法的稳定性和权威性，又是节约司法资源的规定。

（3）一事不二罚的原则。指对同一行为，不得做出两次或两次以上性质相同或同一罪名的处罚。当然对同一行为可以做出两次及以上的性质不同的处罚，比如对同一犯罪行为，可以做出刑法处罚，还可以要求民事上承担责任、做出行政处罚。

（三）法律的时间效力范围

法律的时间效力范围是法律针对的是什么时间内的人和事，包括了生效时间、失效时间和追溯力三个问题。

1. 法律的生效时间

法律的生效时间一般有两种规定。一种是法律公布之日即实行生效之日，如《中华人民共和国国籍法》规定“本法自公布之日起施行”。另一种是法律明文规定在特定的时间起开始生效。为了让人们对即将施行的法律有一个了解，法律往往会在公布后过一段时间才开始实施生效。

2. 法律的失效时间

法律的失效是指法律终止效力。法律失效的形式分为明示失效和默示失效。明示失效是新法或相关法律文件中明确规定旧法被废止。默示失效是新颁布生效的法律和旧法产生冲突的地方，自动适用新法的规定，旧法的相关部分就自动失效，即“新法优于旧法原则”。

3. 法律溯及力

法律溯及力又叫作法律的溯及既往的能力，指生效的法律对其生效之前的事项是否有效力。如果对其生效之前的事项依然适用，则叫法律有溯及力，反之则是没有溯及力。

现代的法治理念将“法不溯及既往”作为一般的原则，但是也不绝对，各国普遍也承认“有利既往”的原则，即法律一般对其生效之前的事项是没有效力的，但是如果新法对先前行为的任何一方都是有利的，那么也适用。比如我国的刑法，也是遵循“从旧兼从轻”的原则，对于刑法生效以前的行为是没有效力的，不能认定其有罪，但是如果是当时认定有罪或者规定的刑罚更重，那么就适用新法认定无罪或从轻的处罚。

（四）法律的空间效力范围

法律的空间效力范围是指法律在什么空间里发生效力，即生效的地域范围。一般来说，法律的效力及于一个主权国家的全部领域，包括领土、领海、领空以及领土的延伸领域（如驻外使领馆等）。

法律的空间效力一般包括两种情形。①法律的域内效力。指法律在一个主权国家的领域内都是有效力的，而在其领域范围外则是无效的。②法律的域外效力。指法律在其主权国家以外的领域也发生效力。现代国家基于尊重国家主权的原则，一般法律是不具有域外效力的，但是如果是通过签订国际条约或者根据国际惯例等，可能会允许国家的法律在相互之间都具有域外效力。

第四章　法的价值和法律行为

第一节　法的价值概述

一、价值的含义

一般认为，价值有两种含义：①商品上所凝结的无差别的人类劳动；②客观事物的有用性和积极作用。

如何来把握价值的含义呢？我们通常将价值作为一个评价标准，凡是对人们有用的、有益处的，我们通常认为就是有价值的，也就得到了人们的正面评价。例如自由、正义、安全、幸福等，正因为它满足了人类的需求，所以人们都认为其是价值的表现形式。

二、法的价值的含义

法的价值，就是法能够满足人类、社会、国家的需要。可以从三个方面去把握法的价值：

（1）法的价值是指法律在发挥其社会作用的过程中，能够促进哪些价值的实现。例如安全、秩序、自由、平等、正义等，这些价值都是人们一直以来所追求的价值，法律发挥作用都是为了实现这些价值，这种价值是法律所追求的目标和理想，因此这种价值是法的目的价值。

（2）法的价值是在各种价值产生冲突和矛盾时法能够借以进行评价的标准。在许多法学著作中，法的价值问题也就是法律评价的标准问题。我们可以把它称为法的评价价值。

（3）法的机制是指法自身所体现的价值，这种意义上法的价值可以称为法的形式价值。它并不是法律所追求的社会目标理想，而是法律本身所应当具备的价值，比如法律都应当逻辑严谨、简明扼要、明确易懂等。这些是法律本身所应当具有的形式上的良好特征。美国法学家富勒就曾把一般性、明确性、不矛盾性等八项称为“法的内在道德”，属于任何法律制度都应当具有的特征。

第二节　法的基本价值

一、秩序

（一）秩序的概述

秩序又叫作“有序”，与“无序”相对应，是一种状态的表现。秩序分为社会秩序和非社会秩序。社会秩序指人们在各种社会交往过程中长期形成的相对稳定的关系模式、结构和状态。因领域不同又可分为各种秩序，如经济秩序、政治秩序、文化秩序、生活秩序等。非社会秩序是指实务的位置所在、结构状态或变化模式。

秩序是人类生存的前提和基础。人类在建立了社会组织之后，都希望能够稳定发展，不希望出现混乱的状况，并且建立政治社会组织本身，也是为了让人与人之间的交往相处能够有序进行。秩序一直以来就是人们所追求的目标。

法律的一个重要追求目标就是秩序，古希腊的亚里士多德就曾指出法律本身就意味着秩序。法律可以给人们提供一个统一而明确的行为规则，在这样一个规则框架体系之内，所有人就能够有序地行使权力、履行义务，从而达到有序的社会状态，也就是秩序。如果处于无秩序无规则的社会中，对于社会中的每个人都是极不安全的。在霍布斯的《利维坦》中也阐述了这样一种“自然状态”，无秩序无规则，霍布斯认为这是一种所有人对所有人战争的状态，对于社会的每一个人都是不安全，没有好处的。因此通过法律建立秩序，就是通过法律确定明确的行为准则，对不遵守该准则的人施以惩罚，从而协调人与人之间的关系，减少人与人之间的冲突和矛盾，自然也就建立了社会秩序。

（二）法的秩序价值的实现

秩序是法的基本价值，也是人类活动最基本的前提。法的秩序价值的实现，实际上就是通过法对社会进行控制实现法律所追求的秩序目标，并使得依法建立的秩序得以维持、巩固和发展。法的秩序价值主要通过以下四方面得以实现：

第一，法律维护阶级统治秩序。在阶级社会中，最根本的冲突是阶级矛盾。如果缺乏有效的控制手段，那么整个阶级社会肯定无法维持下去。因此这时国家制定法律，用法律来建立和维护阶级统治秩序。它将一个阶级对另一个阶级的压迫合法化、制度化、具体化。一方面将统治渗透到社会生活的各个方面，使统治阶级的利益最大化；另一方面又把阶级冲突控制在统治秩序和社会存在所允许的范围内，保证阶级统治能够有条不紊地进行。既将阶级统治纳入秩序范围内，又有效缓和了阶级矛盾，这就是阶级社会的法律对于阶级社会秩序的建立和维持。

第二，法律维护权力运行秩序。一般来讲，无秩序无规则的权利运行对于他人和社会的危害非常大，而且极有可能损害统治阶级的根本利益。因此，建立和维护权力运行秩序不可忽视，法律在此过程中可起到重要作用。

在专制社会中，从现象上看，专制者的权利不受任何现有规范的制约，包括不受法律的限制，君主可以随意发布命令和禁规。然而事实并非如此简单，历史上经常发生这样的事，一个置本阶级根本利益于不顾的暴君，不是被人民推翻，就是被本阶级的其他人给替换掉。由此可见，专制君主也并非是一个人在进行专制统治，而是作为一个阶级的代表在进行专制统治，其实也是有条件地在进行统治。此时，统治阶级内部也会有对于官僚录用、管理、职责等的法律规定，它对于建立和维护专制权力的运行秩序起着重大的作用。

在现代民主政治国家中，人民是主权者，但权力的实际运行是通过少数人来完成的。这时通过法律对权力的享有者、行使者，还有行使权限范围等做出明确的规定，对国家的权力系统做出合理的配置，保证国家机关之间的权限科学分配、合理且能够相互制约。

第三，法律维护经济秩序。法对经济秩序的维护功能体现了经济活动摆脱任意性而获得稳定性和连续性。在自然经济条件下，自给自足的农业经济占主导地位，规模小，此时法律集中于调整农业生产方面的关系。在商品经济时期，经济形态增多，经济秩序对法律的依赖性增强，主要体现为用法律保护主体的财产所有权，用法律调控经济活动等。

第四，法律维护正常的社会秩序。建立一个正常的社会秩序，法律主要在以下方面发挥作用：①确定了权利与义务的界限，避免纠纷。法律通过设置权利与义务，将资源进行明确有效的分配，以定纷止争。②法律以文明的方式解决人与人之间的冲突。在发生纠纷中，法律避免了用暴力解决带来的人身财产损失，用公力救济取代私力救济，使矛盾和冲突都能用和平的方式解决。③法律可以对社会基本安全加以特殊维护。人身安全、财产安全、公共安全、国家安全等都属于社会基本安全，它们是人类社会生活正常进行的最起码的条件，任何国家的法律都对社会基本安全加以特殊的维护。

二、自由

（一）“自由”的含义

早在古希腊、古罗马时期，就开始使用“自由”一词。一般认为，对自由的含义的理解，通常有两种含义。第一种称为消极自由，是指主体不受外在压制和束缚的状态，是“免于……的自由”，它的特点是不受社会干预来实现其自由。第二种称为积极自由，是主体具有依照自己独立的意志进行行为的自由，是“有……的自由”，它通常是以社会干预（帮助）作为实现自由的首要条件。

社会是由众多个体所组成的共同体，每个人既有与全体社会成员所共同追求的利益，也有排除其他个体所单独追求的特殊利益，自由一方面要考虑到每个个体本身的利益，也要考虑到对其他个人所产生的影响。

自由在法律的含义上，是主体的行为和法律规范的统一。在法律上，自由首先意味着主体可以自主地选择和实施一定的行为，同时，这种行为又必须与法律规范中所规定的行为模式相一致。当主体的自由被法律作为一种权利而确认之后，就意味着任何人和机构都不能强迫权利主体去做法律不强制他做的事情，也不能禁止其去做法律允许他做的事；同时也意味着权利主体只能在法律界定的范围之内做他想做的事情。

在法律上，自由与权利的关系可以有广义和狭义两种理解。广义上的自由与权利是基本等同的概念，在绝大多数场合，权利都意味着选择的自由，例如，当法律确认了某人具有选举权的时候，权利人是都参加选举，把选票投给谁，都是可以自由选择的，法律不允许其他人加以干涉。因此在典型的意义上，权利即自由，授予权利即意味着权利人可以在法律允许的范围内独立自主地按自己的自由意志行事。狭义上的自由仅是权利的一种特定类型，是法律上直接以自由指称的那些权利，如人身自由、言论自由、结社自由等。因为这些权利具有更加明显的选择性，所以被直接以自由命名。在此意义上，自由是种概念，权利是属概念，两者是部分与整体的关系。

（二）法的自由价值

1. 自由与法律

法律作为指导调控人类行为的工具，法律上的自由就是通过法律对自由进行设定和保障。由于每个人的个人利益存在着差异性，如果每个人都不受限制地追求个人自由，那么真正的自由必定无法受到保护。这时候就需要法律和权威的介入，以提供个人自由的尺度，为自由划清界限。可以看出，自由虽然否定别人的任意干涉，但同时也不得损害他人和社会的利益。一方面法律要保障个人自由，另一方面保障个人自由的同时也不得损害其他人和社会公共的权益。

2. 法律应该体现自由

法律规定着人们的行为，给社会上每个人都提供行为准则和规范，将整个社会纳入秩序的轨道之中。这样的行为规范确定了人们进行活动、交往的基本社会结构，从而为人的自由提供了模式。不同性质的法律，体现不同的理想目标和利益关系，也提供了不同的自由存在和实现的条件。

在社会中，自由是各种权利和义务所共同聚集而成的一种状态，法律在确定人们的权利和义务的时候，就实际上确定了个人的自由的范围，也正是法律如何确认和保障自由的体现。首先这些权利和义务，因为是法律所确立的，所以具有公开性、明确性，这就明确了到底权利和义务有哪些，自由的范围和界限也能很好地明确，自由不会受到不确定性的阻碍和限制。其次法律明令公布的权利和义务，使得自由具有确实的保障，可以借以这些权利和义务来得到具体的实现，也会有国家的强制力保障其真正的享有、不受侵犯和受害之后的救济。

3. 法律之下的自由

法律保护之下的自由，部分取决于宪法和法律的性质和规定，部分取决于法律的实施，并且后者经常在更大程度上左右着自由。自由取决于法律的实施的含义是：公民的自由是以法律的形式存在的，但法律并不是自由权的自动保障，公民的自由权必须在实际的权利形式而导致的具体的权利冲突中，通过对权利及其冲突的公正、合理的安排和调整来实现，这就需要司法部门来衡量，同时也需要通过在社会生活中将法律规则转化为人们的行为，即通过普遍守法来实现。

公民的自由权是行为自由和行为责任的结合、个人自由和社会自由的统一。自由和责任、个人和社会是公民自由权的两对矛盾。行为自由和行为责任是内在地联结在一起的。自由意味着人们应该对自己的行为负责，也需要控制自己的行为，否则就必须要对其不当行为承担由此带来的后果和责任。自由并不是无界限的，自由更多的是和责任相联系的，有多大的自由就应该承担多大的责任，自由带来的利益和责任，都应该是行为人应当预见的，而不是只享有对利益的占有，而不承担相应的责任。当个人自由损害到他人自由的时候，就不再受到法律的保护，反之还要承担法律上的责任。

三、正义

（一）正义的概念

正义观念起源于古希腊。在古希腊，正义具有神圣的性质，是与强力和暴力相对而言的，是与弱肉强食相对应的社会价值，同时具有秩序的含义。苏格拉底认为正义是社会和心灵的和谐。柏拉图则强调正义是一种内在的和谐。古罗马法学家认为："正义是基于每个人对应得的部分的这种坚定而恒久的愿望。"亚里士多德指出：正义涉及两个要素，一是人，二是分配给人的事物，何种分配方式是"合适的""公平的""合理的"，这就涉及用什么标准来观察、评价。从这里得出，正义是合适地分配事物的状态，它包括两种分配：一是物质利益的分配，根据对社会的贡献分配是正义的；二是惩罚的分配，根据对他人、社会的危害分配也是正义的。我们认为正义的分配应当包括"利益"的分配，这里的利益包括物质利益和精神利益；同样包括"非利益"的分配，即义务和责任的分配。

一个时代的正义观来源于现存政治、经济制度，这并不等于说任何正义观都与现存分配制度一致，恰恰相反，正义观具有对现存社会结构的评价作用，正义观一般超越现存社会结构，是社会进化的精神力量。正义观具有差异性和流变性，同一时代的不同人群、不同时代的人的正义观具有很大差异。农业社会崇尚按身份分配的正义观，工业社会崇尚人人平等的正义观，按人的行为分配利益和义务。但正义观的时代差异性和社会历史流变性都不是绝对的。正义有其他最低的不变的内容，第一正义要求分配利益和义务，不是任意的而有一定的规范和标准，如摩西十诫、佛教戒律、我国古代对盗贼的否定、要求守信用、欠债还钱等，都是历久弥新的规范。第二，有一定标准的平等，或是量的均等，或是按人的贡献平等，或按社会身份平等，就是正义要求的普遍性。第三，起码的中立，即分配利益的人，起码保持一定中立。这表现为法官在审判中不能够自断其案，防止感情、利益等非理性因素的干扰。

（二）正义的分类

亚里士多德对正义做过分类，他以正义所涉及的领域不同为标准，把正义分为分配正义和矫正正义。分配正义即分配财产的正义，这种正义按等比关系的原则分配，即以人对社会做出的贡献大小为标准，贡献大的所得多，贡献小的所得少。矫正正义是人际交往中的正义，即公平处理纠纷，实行法律面前人人平等。

按正义涉及的不同领域为标准对正义进行分类，通常可以分为制度正义、形式正义、程序正义。

制度正义即社会制度正义，指社会财富、资源、责任分配是合适和公平的。一般认为，制度正义起码要解决两个问题：第一是社会权力资源分配，由于现代社会分层是必然的，任何社会不可能使任何人的权利相等。这里分配标准就是人的智力、体力、道德修养，以此为标准，社会公职向任何人开放，公平竞争。第二是社会财富分配，正义的社会财富分配的着眼点并不在于平均，而在于所得是否应得，在于社会不平等被控制在社会公众所能容忍的范围内，并对弱者提供帮助。在这里，国家分配财富的权利应该受到限制，应当主要通过市场（社会）、个人的行为本身来确定财富的占有和流通，否则，将难以避免“按权分配”的非正义分配方式。

形式正义是对法律和制度公正一致的管理，它不管制度是否正义，只看制度能否实现。一般认为，形式正义就是同样情况的人相同对待，这是表面上的正义，包含了不同的情况不同对待。如果制度是正义的，那么就实现了正义，反之可能带来不正义。如果制度正义确定金钱的分配方式，形式正义则是解决等价交换。当然形式正义不是不重要，一个不正义的制度在实现中难以达到形式正义；一个缺乏形式正义的社会，制度正义也难以实现。

程序正义是指保证实现制度正义和形式正义的方法。为了制定正义的立法，应有正义的立法程序；为了有正义的行政行为，应有正义的行政程序；为了保证司法公正，必须有公正的司法程序。

（三）法律与正义

法律意味着对任意暴力的限制，这是正义的首先内容。古希腊就强调正义是法律绝对的基础和原则。古罗马人始终认为法学是正义、善良之学，法律就是正义，用正义来改善和充实法律。西方法律现代化的过程，就其价值方面而言，就是正义观的进化与法律化的过程。直到今天，西方法不仅在内容上，而且在用语上都与正义不可分。

正义对法律进化起了极大的推动作用。正义作为法律的最高目的和区别良法与恶法的标准，始终是法律进化的精神驱动力。任何法律制度都或多或少以正义为其目标。不管统治者是否愿意，正义作为社会价值，始终是衡量法律良恶的标准。在古罗马，正义是法律灵魂，法学家以正义为基准创造法律、解释法律。正义使法律进化表现在：第一，正义的最低要求是相同情况的相同对待，正义要求规范的普遍性，提高了法律普遍性程度。第二，正义推动了法律平等的实现。正义要求标准同一性，必然会促使人们对平等的向往。第三，正义推动了控权法律的产生和完善。正义与平等、自由不可分，而对平等、自由的最大威胁，来自政府滥用权力，在正义的推动下，人类创制了以控权为主旨的宪法和行政法。第四，正义推动了程序法的民主化、科学化。正义实体目标的实现要求严格、明确、公正、公开的程序，形式正义和程序正义是正义的组成部分，正义是程序法进化的直接力量。

法律也是实现正义的重要手段。正义的最低要求是限制任意暴力，其实现离不开具有强制力的法律规范。这表现在两方面：第一，立法使正义的要求规范化、明确化。任何时代的立法，都或多或少包含了一定的社会正义内容，即使是专制立法，也会对任意侵犯人身和财产的暴力有所限制。立法是形式正义和程序正义的主要表现形式，法律面前人人平等、等价交换这些形式正义的内容至今仍然是重要的法律原则。第二，通过实施法律来实现正义。正义作为社会价值必然会遭受到各种形式的侵犯，法律依仗其强制性，裁决纠纷，惩治非正义行为。

四、平等

（一）平等的含义

平等是指人或事物的地位完全处于同一标准与水平，都被同样对待。亚里士多德对平等的经典定义是：相类似的事物受到相类似的对待；与此同时，不相同的事物根据它们的不同而予以不同的对待。因此法的平等价值与法的自由等的核心价值有所不同。后者本身的正当性是毋庸置疑也不需证明的，它不需要依赖其他标准的评判，也无所谓还需追求除自身之外的某种更核心的价值。而前者的正当性必须借助除自身之外的某种标准进行论证，其自身的价值在于实现其所追求的更核心的价值。

法律意义上的平等，主要包括：人格平等，即不分性别、种族、经济或政治状况，人人社会地位平等；机会平等，即人人都有发挥潜力去创造财富的同等机会；权利平等，即平等地享有法律权利和履行法律义务。

近代的平等概念由自然法学派首倡，他们认为平等是人的自然权利，属于基本人权范畴，主张人性平等、人生而平等。

平等是历史的产物。尽管人性平等的观念非常古老，但它发展成为近代政治、社会地位平等的观念，则经过了几千年。直到近代资产阶级的反封建、反专制的斗争，其才正式承认权利平等和法律面前人人平等原则。这种平等观念演变的历程之漫长，主要是由社会历史发展固有的进程所决定的。因为平等内涵的丰富和平等权利的享有，总是受当时所处历史阶段的生产力水平及其文化发展水平制约的。因此，对于何谓平等的评价标准并非永恒绝对的，特定历史条件下的不平等也可促进社会文明的进步而具有历史正当性。而伴随历史的演进，人们也可能对某些在今天看来平等的事物产生新的评价。

（二）法的平等价值

1. 法的平等价值及其实现

任何社会的法律，都有其平等的原则和范围，法的平等价值主要体现在权利的平等。公民所享有的平等权利有两种结构：一是获得平等对待的权利，如人人享有平等的投票权。二是作为平等者受到平等对待的权利，即倘若个体不能分享某些利益，分担某些负担，但有权得到和其他人一样的受到平等尊重和关注的权利，如法律对妇女、未成年人的某些特殊规定。而无论哪种结构，其都说明了权利平等的实质是主体的权利资格的平等。它具体体现在立法、法的适用与守法中的平等。

立法平等，指所有类属相同的人，除特殊理由外，均应被视为平等地享有同类法律权利的资格和平等地承担法律义务的主体。这意味着立法不能因阶级、身份的不同而对享有权利的主体予以区别或对主体享有的权利予以限制，也不能因此给予某些主体优越于其他同类主体的特权。尽管人们实现权利的主客观条件，如能力、环境等有所不同，由此产生的效果也会有所不同，但权能本身必须是等质等量的，或者至少在同类属主体中是等质等量的。尽管权利可能因违法犯罪受制裁而被部分或者全部剥夺，但权利在被赋予之初，其权能却应当是完满的、平等的。《宪法》第 33 条规定：凡具有中华人民共和国国籍的人都是中华人民共和国公民。中华人民共和国公民在法律面前一律平等。这意味着凡具有我国国籍的人都平等地享有宪法和法律规定的权利，平等地履行宪法和法律规定的义务。其表面平等的标准是国际，而非身份或其他。这可视为立法平等的依据。

法的适用的平等，是指法律应当同等地适用于同类社会主体的同类行为，除非有充足和明显的理由而在立法上享有特权和豁免权，否则，任何人和组织都不得被区别对待或豁免。

守法平等是指任何人和组织都必须遵守法律，都没有超越法律的特权。

2. 法的形式平等与实质平等

有关法的平等理论可以概括为两种，即形式平等理论和实质平等理论。在“从身份到契约的运动”中，自由是主题，一切价值和制度必须为增进个人自由而存在才有意义，平等亦不例外。因此，平等在逻辑上只能以形式的特征与自由连接在一起，强调个人意识自治并对此予以最大的尊重，使个人的内在价值和潜力都得到自由而充分的发挥。为此，主体在形式上必须是抽象平等的，是抛弃了一切具体特质的以抽象人格存在的个人。这种形式平等的进步，仅仅在于其平等形式的范围较之过去有所扩大，而并无质的突破。因为任何社会形态的法律，在形式上总是存在着某种平等性。即使是完全为身份法、特权法性质的奴隶制、封建制法律，其特定的某类法律规范对被统治阶级所有成员的适用是平等的，对统治阶级内部不同阶层中某个阶层内所有成员的适用也是平等的。但在这种形式平等下，存在的却是实质的不平等。

随着社会发展，不受约束的形式平等之恶果开始显现，其产生了垄断、两平等价值应当体现于法的形式平等与实质平等的辩证统一。实质不平等的法律可以以平等的形式出现，而形式不平等的法律也未必就是实质不平等的法律。比如，法律规定只有达到一定年龄的人才享有选举权和被选举权，才可以缔结婚姻；限制行为能力人或无行为能力人可以减轻或免除刑事责任；孕妇不适用死刑；人大代表在会议期间享有发言免责权等。这些法律规定看似为“身份法”“特权法”，然而却是因主体的年龄、健康等自然属性以及需要履行特定社会职责等特殊性而做出的相应的规定。因此恰恰是这种形式上的不平等，反而在实质意义上实现了平等所追求的公平主旨。

同时，由于平等是一个历史范畴，因此，在特定历史条件下，为了达到实质平等，又是必须容忍在某个特定时期的形式不平等。例如，《宪法》虽然规定中华人民共和国公民都有选举权，但《中华人民共和国选举法》规定，省、自治区人大代表的名额，按照农村每一代表所代表的人口数 4 倍于城市的原则来分配。之所以要对城乡每一认可的代表权重作出不同规定，是因为中国现有的 13 亿人口中有 8 亿在农村，如果城乡的代表权重相等，那么就会限制甚至在事实上剥夺某些非农阶层的话语权，使“人大”变成“农大”，形成利益表达上的实质不平等。因此，为了使各个阶层的利益都能得到充分表达，保障人口比较少的阶层也能够自由博弈，基于现实国情，人们有必要暂时容忍法律以形式不平等的面貌出现。

3. 法的平等与事实平等

任何权利都是把同一标准应用在事实上各不相同、各不相等的人身上。因而，“平等的权利”就是不平等，就是不公平。可见，规定了法律的平等并不意味着事实上的平等。能否在事实上实现法律规定的平等，受到社会制度、生产力水平以及主体自身条件等多种因素的影响。当前，由于我国尚处在社会主义初级阶段，生产力水平还欠发达。因此，我国同样存在法律平等下的事实不平等的状况。其原因和表现主要在两个层面：一是就个体层面而言，人们经济状况、社会地位和文化程度的不同，决定了人们实际行使权利能力的大小。例如法律规定了公民平等的受教育权，但有的公民可能因自身经济条件的限制而无法接受高等教育。二是就国家层面而言，社会进步的成本被不合理分摊。例如农民和城市居民的待遇和负担就很不平等，改革开放之初大部分被转嫁给农民、城市下岗工人和退休人员。

五、效率

（一）效率的含义

效率原是经济学概念，其基本意义为：从给定的投入量中获得最大的产出。即以最少的资源消耗取得同样多的效果，或以同样多的资源消耗取得最大的效果。具体而言有三种理解：投入产出率，指资源投入与生产产出之间的比率；帕累托效率，即资源配置效率，指如果不存在另一种生产上可行的配置能够使该经济中所有个人感觉同原初的配置相比更好些，那么这一种资源配置就是最优的；社会整体效率，指社会生产对提高社会全体成员生活质量和促进社会发展的能力。与自由、正义和秩序一样，效率也是社会重要的美德，良好的社会应当是高效率的社会，没有效率的社会无论如何不能被视为完善的社会。

但是长期以来，在伦理学领域，效率不但不受推崇，反而往往成为被压抑的对象。这主要是因为对效率的追求具有深厚而强烈的自利动机，人们认为没有对其再加以强化的必要，并且对对其强化所可能导致的消极结果抱有警醒。同时囿于认识水平有限，人们对经济增长、社会发展与社会福利提高之间的正向效应没有充分认识，将对效率的追求隐含在一般的幸福范畴之中而未将其凸显。这种状况直至功利主义伦理学的产生，才得到很大的改变。功利主义在把伦理思想的基点从义乌转向权利，从自我牺牲转向自我利益，从利他到自利等方面极富成效和影响。以边沁为代表的功利主义法学提出，是否增进最大多数人的最大幸福是衡量一切行为和制度之正确与否的标准，幸福是一切行为的共同目标，行为中导向幸福的趋向性就是功利。凡是能减轻痛苦、增加快乐的，在道德上就是善，在政治上就是优越，在法律上就是权利，进而对各种“反功利原则”进行有力的批判。该学说在一定程度上为区别正当与否提供了实证性的证据，其把效用原则作为个人活动的基础，把幸福观念作为进行选择的标准，也在一定程度上反映了人们所关心的正义问题。但它有两个致命的缺陷：一是“功利”作为导向幸福的趋向性，其与个人特点密切相关，具有不可度量性与不可比较性。二是其往往同狭隘的功利主义相联系，片面突出了与正义等观念的冲突，因而阻碍了自身在伦理学中的适当定位。

因此，现代社会倾向于用“效率”替换“功利”，以扬长避短。20世纪60年代经济分析法学形成，其致力于用经济学的分析方法分析法律问题，把效率的观念引入了法学领域。它的核心思想是将效率作为法的宗旨，认为所有法律制度和法律活动都是以有效利用自然资源和最大限度增加社会财富为目的。这虽然有失偏颇，但无疑具有较大合理性。当人们逐渐普遍接受效率原则为法学的分析范畴时，效率就作为法的重要价值而成为衡量法律制度正当性的标准。

（二）法的效率价值的实现

国家在某种意义上可视为是一种超级垄断组织，近代的主权概念就是这种垄断的集中反映。垄断的强制性决定其通常无法达到帕累托最优，但垄断并不绝对无效，在下列情况，垄断也可能是有效率：垄断与规模经济相适应，垄断的有益效应大于其有害效应；垄断组织内部基于权威的协作降低了交易成本，使组织的存在具有比较优势；垄断受到消费品替代效应的制约。

如果把法律视为国家提供的服务，那么就可以发现，在立法、法的适用和司法过程中，国家总是在自觉或不自觉地实现法的效率价值。

1. 立法实现法的效率价值

立法从效率的角度看，应当实现两个目标：一是规定竞争与合作的基本规则，提供一个所有权结构以使统治者最大限度地增加收入。二是在前一个目标的框架内，减少交易费用，以便促使社会产出的最大化，从而增加国家的税收。由于规则能够降低交易费用，而规则通常与制定者的利益紧密相关，因此，立法者通常会把规则限定在自己权威所能控制的范围内，而并不倾向制定遭受抵制而权威又无法对其予以维系的规则。故而，有规则通常总是胜于无规则。此即以为，立法本身就是极具潜在效力的行为。

同时，现代立法理念与立法技术也愈加关注在立法中实现效率价值。例如，现代公法领域中的立法十分强调控权，因为实践证明公权运行的边际效应是递减的，权力介入的范围过宽，只能导致法律施行的低效甚至无效。而在私法领域，立法又尤为重视权利主体之间的意识自治，让权利主体形成自发的利益博弈机制，只要没有出现显失公平的情形，法律一般不予干预。这些都是立法效力的体现。

2. 适用法律实现法的效率的价值

虽然法律具有国家意志性并由国家强制力保证实施，但这并不意味着法律适用就不存在具有竞争性的替代品。因为对法律适用的制约因素很多，比如，法律是否符合人们通常的道德感情，法律是否符合当地的风俗习惯，等等。因此，如果法律是恶法或者虽非邪恶但得不到民众的认同，那么人们就可能弃法律于一旁而选择其他评价标准或解纷模式。比如，信访等民间诉求途径，就是作为现行法律体制外的非常救济路径而存在的。这些合法的竞争压力的存在，在客观上对法律这种“垄断品”形成制约，促使其必须注重在适用中的效率，这就是法律适用必须考虑民情与风俗等的原因所在。

同时，与法律适用存在竞争的还有非法的压力。即使在民主社会里，也会有一部分人不愿意进入权力集团内部进行合法的权力竞争，而倾向于站在社会的对立面或者选择法律盲点立足。倘若法律适用时无效率，那么原本应适用法律调整的空间就可能由亚规范所取代。这在一定程度上可以用来解释黑社会的存在。而在此情况下，如果法律不能迅速提高适用的效率和强度，那么就会有非法势力所掌握的亚规范全面取代法律规范的危险。这也就是法律适用中之所以要强调有法必依的原因所在。

3. 司法实现法的效率的价值

从经济学角度，司法的功能是减少违法行为的供给。它有两个途径：一是加重对违法行为的惩罚，二是提高处罚的可能性。当代司法出现了轻罪化的潮流，这从司法效率的角度而言是有其合理性的。因为司法所能施加给权利主体的惩罚是有限度的，如果对请罪施以重罚，那么对重罪施以更重处罚的空间就相对减小了。而如果从轻罚到重罚之间的递进幅度无法与轻罪到重罪之间的递进幅度相一致，那么显然更重处罚对重罪的威慑力就会减弱。就社会危害性而言，重罪相较于轻罪而言是更应当给予震慑的罪行。而在上述情况下，虽然投入了重罚的司法资源，但其威慑力却没有得到应有的发挥，这显然是一种低效率。因此，现代民主法治国家选择打击犯罪的司法举措，普遍着重于提高犯罪被处罚的可能性，而非加重处罚的程度。可见，轻罪化实质是在投入一定的条件下获得了更高的效益，因而是司法高效率的体现。

司法惩罚中出现的以财产罚替代人身罚的趋势也是符合法的效率价值的。如果实行人身罚，那么国家将要承担监狱的建造、维修及必要日常开支，还要承担警力的负担，并且被关押本身也无法创造出应有的财富。而如果对犯罪人施以财产罚，只要他们不是足以严重危害社会的人，那么此举将大量节省司法资源的支出，同时，犯罪者在社会上也可以创造出比在监狱里更多的财富。因此，适当地以财产罚替代人身罚，实质是在减少成本的同时增加了产出，亦是司法追求效率价值的体现。

司法实现法的效率价值还体现在司法对审级和审限的规定上。“迟到的正义非正义”是西方古老的法谚，它形象地说明了司法裁判对受害人及时救济所具有的重要意义。司法裁判在规定的时间内经过了既定的程序后，就应当产生终局性的裁判。这既是弥补受害人的损失、给受害人以抚慰的需要，也是给予公众确定性指引的需要。如果司法的终局裁判可以因不断提高审级或任意延长审限而遥遥无期，那么即使最终等到了终审裁判，那也不过是一张写满了字的纸，受害人在这漫长的等待中无疑是受到另一种创伤，而司法的权威也会因此在公众的心目中减损。可见，如果司法背离了效率价值，那么司法本身就是在制造不正义。

（三）法律与效率

效率是法律的价值，而法律又能保护和促进效率，二者是相辅相成的辩证统一关系。

1. 法律对效率的作用

第一，法律通过调动劳动者生产积极性，从而提高效率。在基本意义上，效率即生产力的进步。生产力的三要素是劳动者、劳动资料和劳动技能。法律正是通过对人权、物权以及知识产权的保护来促进生产力的发展。

第二，法律通过保障物质利益以提高效率。个体的物质利益是社会发展的原动力，只要承认和保护人们的自我利益并使之成为权利，才能激励人们在法律范围内最大限度地实现物质利益。但人们在追逐利益的过程中必然会产生对立和摩擦，从而造成资源的浪费。因此，法律通过对各种利益进行权衡、选择，以设置权利、义务的方式将这种对立和摩擦减少到最低限度，从而提高经济效益。

第三，法律通过确认和保护产权关系以提高效率。明确的产权关系是有效利用各种资源的前提，因为财产权需要流转，否则，资源就无法从低效率利用流向高效率利用。法律正是通过对财产权的确认和保障以鼓励人们为效率的目的而占有、使用以及转让财产。

第四，法律通过推动和保障制度创新以减少交易费用，从而提高效率。交易费用是经济制度的运行费用，类似于物理学中的摩擦力。法律通过明晰产权制度、激励企业组织形式的创新以及不断完善市场机制之不足等的相关规定从而使交易费用得以有效减少。

2. 效率对法的作用

第一，影响法的调整范围。法律的调整对象是一定的社会关系，哪些社会关系纳入法律的调整范围由立法者根据社会发展的需要而决定。当效率成为法的价值后，法对经济关系的调整范围得以扩大。在当代社会，法的经济职能日益得到加强，有关资源配置、适用等方面的法律规范日渐增多。

第二，影响法律的调整方法。法的效率价值使法的调整方法更加灵活，例如，在法律对权利的保护方法上，当交易成本特别高的时候，权利可以不经所有人同意而由无权利人占有和使用，同时由该无权利人对权利人的损失给予补偿。这种虽不尽合乎正义但却合乎效率的权利保护方法并已在当代法律中予以规定。

第三，影响权利、义务的分配。当效率成为法的价值，即意味着权利、义务的分配不再仅仅是依据正义、公平等标准。效率价值必然促使原有的权利、义务结构做出相应调整。

第四，影响法律程序。当代各国普遍采取措施以提高法律程序的解纷效率，这极大地降低了制度成本，节省了司法资源。

第三节　法律行为

一、法律行为的释义

法律是通过对行为的调整来实现调整社会关系、稳定社会秩序的。那么如此看来，与其说法律存在于法律规范和法律文本之中，不如说法律存在于外部行为之中。法律规定了人们应当如何进行行为，那么按照法律规定所做的行为、不按照法律规定所做的行为因而受到惩罚承担法律责任等等，这一切都体现了法律存在和运行的痕迹，是“纸面上的法”转换为“现实中的法”。因而，研究法律，法律行为应该是我们所要重点把握的对象之一。

在现代法理学中，法律行为是指具有法律意义和属性，能够引起一定法律后果的行为。法律行为首先是要有法律的规定，一个行为是否能成为法律行为，是需要其满足法律所规定的条件；其次它会引起一定的法律后果，法律行为一旦做出，就会得到法律上的一个正面评价或者负面评价，产生一定的法律后果，可能是行为人预期希望的后果，也可能会被法律规定强加一个不利的后果。

法律行为的结构包含着内外两个方面：一是内在意志方面。即法律行为必须包含着一个内在的、主观的心理，包括动机、目的和认知能力等要素。二是外在表现的方面。即法律行为会外化为现实的活动，表现为行动、手段、效果等。从我国的法律上来看，法律行为也是不能指非基于意识的单纯外部活动，法律行为必须是以意志为内在因素的。值得注意的是，法律行为还分为客观上的作为和不作为，因此，在特殊情况下没有外部的身体活动也仍然构成法律行为，例如不履行赡养义务。

二、法律行为的分类

根据不同的标准，可以将法律行为分为不同的类别。按照法律部门的不同，法律行为可以分为民事法律行为、刑事法律行为、行政法律行为、诉讼法律行为等。另外还有主法律行为、从法律行为等。下面介绍几种比较重要的分类。

（一）合法行为、违法行为和中性行为

根据行为是否符合法律的规定，将法律行为分为合法行为、违法行为和中性行为。

合法行为是按照法律的规定进行的行为，是法律所提倡的行为，行为人进行了这一行为后能够得到法律的正面评价，可以得到自己预期的法律后果，比如签订合同的行为等。违法行为是行为人行使了与法律规定不一致的行为，该行为违反了国家现行的法律规定、危害了法律所保护的社会关系，具有违法性和社会危害性，表现为不履行法律所规定的义务或者为法律所禁止的行为，包括一般的违法行为如违反交通管理规则和严重的违法行为如犯罪行为。该行为会得到法律的负面评价，给行为人带来不利的法律后果，比如犯罪行为等。还有一种学者所提出来的中性行为，这种行为介于合法行为和违法行为之间，虽然没有得到法律的允许，但也没有被现行法律所禁止的行为。法律没有将这种行为纳入调整范围，没有办法得到法律上的评价，包括法律不想干预的领域比如婚姻家庭关系中的有些情感领域，法律不是万能的，也不能干涉社会生活的每个领域，有些社会关系只需要道德等的规范就好，不需要法律来强制干预；还包括法律漏洞领域，社会生活瞬息万变，立法者也没有办法预见到所有社会生活会出现的新情况，在社会生活中已经产生但囿于立法的滞后性还没来得及调整的行为。对于这种行为，如果行为人是公民个人，那么一般遵循着“法无明文禁止即自由”，法律不会对其产生负面评价，要求其承担法律后果；但是如果是国家机关等行使权力的时候所做的行为，则按照“法无明文授权即禁止”，需要为自己的中性行为承担法律

责任。

（二）积极法律行为（作为）和消极法律行为（不作为）

根据行为人具体的行为方式是积极的活动还是消极的不活动，可以将法律行为分为积极法律行为（作为）和消极法律行为（不作为）。积极法律行为是指行为人以积极的活动去作用于客体，以此行使权利或者履行义务，其外部表现为身体的积极活动，一定的动作或系列动作，比如提供劳务等。消极的法律行为是指行为人以消极、间接的方式作用于客体使其发生变化，表现为不作出具体的行为保持客体不变或者放任客体的变化。比如物权法律要求物权以外的人对物负有不作为义务，如果行为人违反了该义务，对物进行占有、使用，那么就构成了违法行为。

（三）抽象法律行为和具体法律行为

根据法律行为的生效范围和效力对象，可以将法律行为分为抽象法律行为和具体法律行为。抽象法律行为是针对未来不特定的事项所做出的，针对的不特定的人，具有普遍的效力，立法机关制定法律规范就是典型的抽象法律行为。具体法律行为指的是针对特定的事项做出的法律行为，只对特定的人发生效力，不具有普遍的效力，比如行政机关做出的处罚决定。一般来说，只有组织机构可以做出抽象法律行为，单个公民只能做出具体法律行为。

第五章　法律关系与法律责任

第一节　法律关系

一、法律关系概述

（一）法律关系的概念

法律关系属于社会关系的一种，并不是所有的社会关系都需要靠法律来调节，社会道德、宗教等也会有调节社会关系的作用，而被法律所调整的那部分社会关系，才叫作法律关系。

“法律关系”的概念来自于罗马私法中的法锁，也就是我们所说的“债”这一概念。“债”是要求有关主体为一定给付的法锁，它表现为依据法律所结成的对双方均具有约束力与强制力的债权债务关系。其作为专门概念，由萨维尼在其经典文献《当代罗马法体系》中第一次明确做出阐述。他将法律关系定义为“由法律规则所决定的人与人之间的关系”，认为法律关系由两个部分构成：第一部分称为法律关系的实质要素——事实状态；第二部分称为法律关系的形式要素，它使事实状态被上升至法律层面。法律关系在最开始主要适用于私法领域，但随着法律和法学的发展，其运用范围逐渐地扩大，引起了法理学的广泛讨论，也是法理学的重要问题之一。

（二）法律关系的特征

1. 法律关系是以法律规范的存在作为前提

如果没有法律规范的调整，社会关系是不会变成法律关系的。比如说恋爱关系、友谊关系等等，这些社会关系也是人们在日常人际交往中产生的，但是法律没有干预这些社会关系，于是它们也不是法律关系。社会关系只有被法律纳入其调整范围的时候，才会变成法律关系，所以说法律关系的产生是以法律规范的存在为前提。

另外，法律关系也是法律规范的实现形式。正是因为在法律规范的调整下产生的法律关系，作为文本的法律才具体地在社会生活中得以实施。这些由权利和义务所组成的法律关系，也正是法律规范在现实生活中存在的体现。

2. 法律关系是以主体之间的权利和义务为内容的

法律关系是以主体之间的权利和义务为内容的，这是法律关系区别于其他社会关系的重要方面。法律赋予社会关系中的各主体相应的权利和义务，以此来调整其之间的关系。具体来说，就是法律规范对于相关主体，赋予一定的权利和相应的义务，这时候在主体之间就形成了一种法律上的关系。主体各方通过对权利的实施、义务的履行，就可以将法律上的权利和义务转化为现实的权利和义务，也就实现了法律对社会关系的调整作用。

3. 法律关系是国家意志的体现

法律规范本身就具有国家意志性，法律体现的是国家的意志。而以法律规范为前提，以法律规范所设定的权利和义务为内容的法律关系，也是国家意志的体现。国家设定的权利和义务，只有法律关系中的主体各方能够按照法律的设定行使权利、履行义务，那么这样才能形成法律关系，也是这样的法律关系，才能被国家所承认并且给予保护。

但是法律关系的国家意志性并不否认它的客观性，本身其作为社会关系，就是社会发展到一定阶段所产生的，是社会经济条件下产生的一种人与人之间的关系，其受到社会历史发展和社会生活本身的制约。而因为其可能在社会生活中有重大影响，必须要法律的调整才能很好地规范，所以法律对于其中各主体配置权利和义务，使其按照国家的意志来运行。

4. 法律关系是由国家强制力所保障的

法律关系中所包含的权利和义务，都是法律所赋予的，是由国家强制力所保障的。一方面这一法律关系中的各主体都被分配了相应的权利和义务，按照法律的规定行使权利、履行义务，就能得到法律的保障，由国家强制力所保护的这一法律关系的各主体能够达到其预期的后果。另一方面法律关系中的主体也必须按照法律所设定的权利和义务行动，不能自行安排权利和义务，不得随意破坏和违反法律的规定，否则就会得到法律的负面评价，承担相应的法律责任。

二、法律关系的构成要素

根据法律关系的一般原理，任何法律关系都必须具备主体、客体和内容三个要素。

（一）法律关系的主体

法律关系的主体是法律关系的参加者，是法律权利的享有者和法律义务的承担者，是构成法律关系最根本的要素，如果法律关系没有主体的意志和行动，那么根本就不能存在。其中权利的享有者叫权利主体，义务承担者叫义务主体。

是否可以成为法律关系的主体，这是由法律所明确规定的。在不同时期，法律关系的主体有所不同，经过长期的历史演进，一般来说法律关系的主体包括自然人和法律上的拟制人。目前就我国来讲，法律关系的主体主要包括公民（自然人）、法人和其他组织。另外在特殊情况下，国家也可以成为一定法律关系的主体。

作为法律关系的参加者，相关主体资格是由法律来规定的，具体的方法就是通过确定主体的权利能力、行为能力和责任能力来赋予主体参加法律关系的资格。具备权利能力、行为能力和责任能力就是成为法律关系主体的资格和条件。

1. 权利能力

权利能力是法律关系的主体享有权利和承担义务的资格，所有参与法律关系的主体，都必须享有权利能力。但是根据客观主体的不同，对自然人和法人的权利能力，法律做了不同的规定。

自然人的权利能力有一般权利能力和特殊权利能力。一般权利能力是所有自然人都享有的权利能力，这种权利能力是参加一般法律活动所需要具备的资格，不能被随意剥夺和限制，如《中华人民共和国民法总则》（2017）第13条规定：“自然人从出生时起到死亡时止，具有民事权利能力，依法享有民事权利，承担民事义务。”特殊权利能力则与其从事的具体法律活动有关，对其主体作了一定范围的限制，如选举权等。

法人的权利能力开始于法人依法成立之时，自法人解散或撤销时消灭。

2. 行为能力

行为能力是法律关系主体能够通过自己的活动行使权利、履行义务的能力。行为能力是当事人必须在已经具备相应的权利能力的同时，才可能通过自己的行为具体地行使权力、履行义务。

和权利能力不同，权利能力是赋予主体行使权利、履行义务的资格，而行为能力则是承认主体可以通过自己的行为来具体实现其权利、履行其义务。行为能力以权利能力的享有为前提，但具备权利能力并不意味着当然地具备了行为能力。权利能力的设置是为了给主体提供参加法律活动的资格，而行为能力是针对主体的差异性，对主体是否可以通过自己的行为来具体实现权利和义务。

根据主体的不同，自然人的行为能力取决于自然人的年龄和健康状况，比如《民法总则》规定，“成年人为完全民事行为能力人，可以独立实施民事法律行为。”“八周岁以上的未成年人为限制民事行为能力人，实施民事法律行为由其法定代理人代理或者经其法定代理人同意、追认，但是可以独立实施纯获利益的民事法律行为或者与其年龄、智力相适应的民事法律行为。”“不满八周岁的未成年人为无民事行为能力人，由其法定代理人代理实施民事法律行为。”“不能辨认自己行为的成年人为无民事行为能力人，由其法定代理人代理实施民事法律行为。”这些都说明法律针对主体自身年龄、健康状况的不同，规定了不同的行为能力。法人的行为能力和自然人的行为能力不同，法人的行为能力是由法人依法成立时的宗旨和业务范围决定的，并由相关的组织章程所规定的。

3. 责任能力

责任能力是法律主体因违法等原因所引起的承担相应法律责任的能力。责任能力与行为能力相关，一般来说没有行为能力就没有责任能力，有行为能力就有责任能力。但是要注意的是，刑事法律关系中行使责任能力的时候，责任能力具有相对独立的意义。它强调主体对自己行为的性质、意义以及后果认识与持续控制的能力，以其独特的方式指引和教育人们要理性地行为并对自己的行为负责。刑事责任能力种类与内容的确定也与主体的年龄和健康状况有直接的关系，具体内容见我国刑法中的相关规定。

（二）法律关系的内容

一般认为法律关系的内容包括法律权利和法律义务，具体内容见于本书第七章。

（三）法律关系的客体

法律关系客体是法律关系主体之间建立起一定法律关系所指向的具体目标，是人们通过自己的意志和行为想要改变和影响的对象，是权利和义务的具体现实载体。简而言之，法律主体行使权利和履行义务的现实对象，就是法律关系的客体。

一般来说，现代法律制度中法律关系的客体有以下几类：

（1）物。能成为法律关系客体的物是指能满足人们需要，具有一定的稀缺性，并能为人们所现实支配和控制的各种物质资源。它既可以是固定形态，也可以是没有固定形态的，如电力等；既可以是人们通过劳动创造的，也可以天然存在的，如矿石等。

（2）非物质财富。又称为精神产品或精神财富。它主要包括两类：一是人们运用脑力劳动创造的智力成果，如科学发明、技术成果、文艺作品等；另一类是与人身、人格相联系的公民和组织的肖像、名誉、隐私等，因与人特定的身份直接相连，所以不能像一般的财产关系那样，可以按照权利主体的意志自由消灭或更改，而是有着一些特殊的法律要求，如著作权中的署名权是不能更改和转让的，只有主体自己能够享有。

（3）行为。有些法律关系中，权利和义务指向的客体不是一定的物而是一定的行为，包括为一定行为或不为一定行为。比如在家庭关系中父母和子女之间的赡养义务、抚养义务，夫妻之间的扶养义务等，都是指向的行为。

（4）其他。能够满足人们有关物质和精神需要的其他财富，如具有一定价值的和意义的信息等。

三、法律关系的分类

根据不同的标准将法律关系分为不同类别，本书介绍几种常见的法律关系的分类，以帮助更加深刻地理解法律关系的意义。

（1）根据形成法律关系的法律规范所属的法律部门的不同，可以将法律关系划分为宪法法律关系、民事法律关系、刑事法律关系、诉讼法律关系等。这种分类的意义在于，不同法律部门的法律关系，其内容和性质是不同的，调整的方法也是不同的，在产生具体的法律关系的问题时，其解决路径和方法也存在着差异。

（2）根据法律关系主体是否是具体、特定的，可以将法律关系分为绝对法律关系和相对法律关系。绝对法律关系中，权利主体是特定而具体的，而义务主体则是不特定的，是除权利人以外的所有人。典型的绝对法律关系就是物权、人格权等关系，在物权法律关系中，权利人是特定的人或组织，而义务人则是权利人以外的所有人。物的所有权的享有都归权利人，权利人对物有绝对的支配和控制的权利，义务人的义务就使不得干预权利人行使其对物的权利。相对法律关系中，权利主体和义务主体都是特定而具体的，比较典型的就是债权法律关系，债的双方都是明确而具体的，各自的权利和义务也只针对主体之间互相有效，债权主体对无关的第三人主张债权是没有任何意义的，只有债务主体履行义务才能使权利主体的权利得到实现。

（3）根据法律关系主体在法律关系中的地位不同，可以分为平等型法律关系和隶属型法律关系。平等型法律关系又叫作横向法律关系或平权型法律关系，是指法律关系主体之间的法律地位是平等的，都享有一定权利、要承担一定的义务，并不存在基于权力和服从的关系，典型的就是民事法律关系。隶属型法律关系又叫作纵向法律关系，是指法律关系的主体之间是不平等的地位，是服从和隶属的关系。这种关系一般是基于职务和权力产生的，一方必须服从另一方，存在于具有职务关系的上下级之间，也存在于依法享有管理权职的国家机关和在其管辖范围内的各种被管理的主体之间。最典型的就是行政法律关系。

（4）根据法律关系之间的因果关系不同，可以分为第一性法律关系和第二性法律关系。第一性法律关系，是主法律关系，是主体之间建立的不依赖于其他法律关系可独立存在的法律关系。第二性法律关系，又叫作从法律关系，是因为第一性法律关系而产生的，从属于第一性法律关系。比如说主体双方建立一个民事法律关系，这是第一性法律关系。但是由于这种法律关系受到了不法干扰，使权利的行使、义务的履行受到了阻碍，那么这时候就产生了第二性法律关系——保护与补救第一性法律关系，即一般的侵权损害赔偿的法律关系等，甚至严重的还会引起刑事法律关系的产生，第二性法律关系在这时就起到保护救济第一性法律关系的作用。第一性法律关系和第二性法律关系之间存在着关联性，第一性法律关系在前，第二性法律关系在后，一般来说，第二性法律关系少，在一定程度上可以表明社会上法律运行良好。

四、法律关系的运行

法律关系的运行，包括法律关系的产生、变更和消灭。

（一）法律关系的产生、变更和消灭的概念

法律关系和其他的社会关系一样，都是处于不断地运行发展变化之中的。法律关系的产生是指法律关系主体之间根据法律规范形成了一定的权利和义务关系，法律关系的变更是指根据法律规定出现了一定的法律事实从而引起了法律要素的变化，法律关系的消灭是指法律关系的主体之间权利和义务关系的结束。

（二）法律关系产生、变更和消灭的原因

法律关系的产生、变更和消灭的前提是法律规范。因为法律规范将这一社会关系纳入法律的调整之下，赋予了主体一定的权利和义务，所以法律关系才有可能因为一定的法律事实而产生。法律关系变更的直接原因是法律事实。由于一定的法律事实的出现，具体的法律关系才会产生、变更和消灭。比如在婚姻法律关系中，首先是法律规范规定了婚姻关系中夫妻之间的身份、财产等的关系，为主体建立婚姻法律关系提供了前提。如果没有这样的婚姻法律规范，也就不可能存在婚姻法律关系。但是法律规范只是给法律关系的产生、变更和消灭提供一种可能，具体的婚姻法律关系的产生是因为主体双方都符合了结婚的相关条件，然后按照《婚姻法》的规定登记结婚，才形成了婚姻法律关系。登记结婚这一行为就是法律事实。

一般来说，根据是否以人的意志为转移，将法律事实分为法律事件和法律行为两类。

法律事件是指与法律主体的一直无关的客观所发生的，能引起法律关系的产生、变更和消灭的事实或现象。一般可以分为自然事件和社会事件。自然事件包括洪水、地震以及人的生老病死等。社会事件包括战争、社会革命等。

法律行为是法律规范中所规定的，在一定意志支配之下主体所作出的，能够引起法律关系的产生、消灭和变更的人的活动。本书在下一章会具体阐述法律行为。

第二节 法律责任

一、法律责任释义

对于法律责任通常有两种理解方式：第一，法律规定的义务。在这种含义下的法律责任指的是法律给法律关系的主体所设定的义务，要求其为一定行为等。比如子女有赡养父母的义务，夫妻之间有忠实义务，债务人人给付的义务等。第二，主体因为违反了法律上所规定的义务而应该承担不利后果。一般来说，说到法律责任，我们都是将其做第二种理解，比如行为人实施了违约行为，这时候法律就规定其应该承担相应的不利后果，也就是法律规定的责任。也有理解成主体违反了第一性义务而产生的第二性义务。

法律责任和法律义务的区别在于：①主体不同。法律责任针对的是特定的主体，专指违反了法定义务或约定义务的主体；法律义务的主体则不具有特定性，针对的是所有的社会主体。②法律责任经常会具有惩罚性，因为法律责任往往是主体违反了义务而产生的不利的法律评价，这时候为了救济权利方而给违反方所配置的。法律义务则是作为与法律权利相对出现的，是调整社会关系的具体法律手段，一般不具有制裁性。③一般来说，法律责任的产生是以法律义务为前提，没有主体对义务的违反就不会产生法律义务。

二、法律责任的特点

1. 法律责任的法定性

法律责任是由法律所规定的，法律主体承担法律责任的依据是法律的规定。这样当法律责任产生而主体不承担的时候，才为国家机关运用强制力迫使其承担提供了法律依据。

2. 由特定的原因引起的

法律责任都是由于特定的法律事实而产生的。一般来说违约行为、违法行为等是法律责任产生的最常见的原因。

3. 法律责任承担的强制性

法律责任的承担是由国家强制力保障实施的。一般来说，引起法律责任，必定是法律所规定的权利和义务关系没有能顺利实现，法律责任是为了补救相应的法律关系而产生的。这时国家强制力介入，迫使主体承担相应的法律责任，使社会秩序、法律关系能重新进入正轨。

4. 法律责任的当为性

法律责任是主体在违反自己第一性的法律义务而产生的，其本身违反义务的行为会给国家、社会、他人带来损失，而承担法律责任就是弥补这一损失。那么从道德上来讲，法律责任的承担也是正当的，是主体应当做的。

三、法律责任产生的原因

法律责任对于责任主体来说是一种不利后果和负担，因此其产生必须有充足的理由。一般来说它产生的原因可以分为违约、违法和法律的特别规定，而违约和违法行为是常见原因。

（一）违法

违法是指行为人违反法律规定，实施了与法律规定相冲突的行为，不履行义务或者滥用权利，造成了损害，法律对其进行负面评价。

违法的构成要件包括：①主体要件。违法的主体必须是具有行为能力或责任能力的主体。②主观要件。违法的主观要件是指违法的主体对所实施的违法行为时的心理状态。如果其实施的时候是明知有危险后果而希望或者放任其发生，称之为故意；如果实施的时候虽然应当预见行为可能会发生危险后果，疏忽大意没有预见或者已经预见但轻信能避免，最终导致结果发生的，称之为过失。违法的主观要件要求主体必须具有过错，即需要有故意或者过失。③客体要件。客体是法律所保护的社会关系，违法是破坏了法律所保护的社会关系。法律所规定的一系列权利和义务等的要求，都是为了保护人与人之间的社会关系，保证社会的良好运行，社会秩序的稳定。不管是什么样的违法行为，都是对于法律所保护的社会关系的直接或者间接的破坏。④客观要件。违法的客观要件是违法所造成的损害后果，包括直接危害和间接危害。

（二）违约

违约是指合同主体违反约定，通过作为或者不作为的方式没有履行合同所约定的义务。广义上来说，违约行为也属于违法行为的一种。民事违法行为就包括民事违约行为和民事侵权行为。但是，违约行为引起法律责任的产生和违法行为引起法律责任的产生有所不同，所以将其分开来介绍。

违约行为和违法行为的区别：①违约责任的主体是合同主体，针对的是特定的主体。而违法行为引起的法律责任是更加广泛的主体，效力及于普通人。②违约责任属于个别调整的范畴，违法责任则是规范性调整的范畴。③违法责任都是法律事先规定好的。违约责任包括两类，一是法律事先的规定；二是合同双方当事人可能在合同上事先已经约定了违约责任，只要不违反法律的规定，比如合同双方在合同中就约定了违约金等。

（三）法律的某些特殊规定

在某些特殊情况下，法律主体没有做出违约或者违法行为，其行为也符合法律的规定，但是因为出现了某些法律上特别规定的事实，此时法律主体也要承担法律责任，比如产品致人损害导致的严格责任。因为违约、违法并不能涵盖一切的情况，法律对于某些特殊情况，会让主体承担相应的法律责任来实现社会公平正义。但要注意的是，这时候要求主体承担法律责任，必须有法律的明确规定，否则就会任意扩大法律责任的承担范围。

四、法律责任的种类

法律责任根据不同的标准可以分为不同的类别。

根据不同的法律部门所确定的责任种类，可以将法律责任分为：民事责任、刑事责任、行政责任和违宪责任。

根据行为人的主观过错对法律责任的影响，将法律责任分为：过错责任和无过错责任和公平责任。

根据责任承担的内容不同，将法律责任分为：财产责任和非财产责任。

根据起因和责任承担方式，可以将法律责任分为：直接责任、连带责任和替代责任。

五、法律责任的功能

法律责任的功能是指通过法律责任独特构造和机制应该事先的对人以及社会的影响。具体指法律责任的归责主体在严格的法律规则指导下的对责任主体归责，责任主体免于或部分或全部承担法律责任，事先对第二性义务的履行，对损害的救济，并尽量减少未来发生损害的可能性。

法律责任主要有制裁功能、补偿供能和预防功能。

（一）制裁功能

法律责任的制裁功能一般是指通过法律责任的承担对责任主体进行惩罚。法律责任是对违法行为、违约行为的否定性评价，这种否定性评价除了使行为主体行为的预期后果无法达到外，往往还包括强制主体因其违法行为、违约行为而承受不利的后果和负担。从国家和社会的角度来说，这就是国家对责任主体依照法律对责任主体施加的强制性惩罚措施。法律制度才是法律责任作用于人和社会最为严厉的方式。制裁针对人身或财产，主要是国家强制限制人身自由、剥夺人身自由、剥夺生命或限制、剥夺财产等。通过法律制裁，一方面可以利用使责任主体在外部受到损失而补救被破坏了的社会秩序；另一方面可以通过责任主体内心形成压力机制，进而调整责任主体的未来行为选择，遏止新的违法行为、违约行为的发生。

法律制裁与法律责任密切相关但又明显不同。法律责任是法律制裁的前提，无法律责任即无法律制裁的可能。法律制裁是法律责任的功能体现，但有法律责任不一定会有强制性制裁措施的结果。一方面，法律责任因法定原因可能免于承担；另一方面法律责任的功能不仅局限于制裁一种，因此，法律制裁不是法律责任的唯一反映结果。

（二）补偿功能

法律责任的补偿功能是指国家强制责任主体赔付损失，救济受害主体，恢复受侵害的权利。补偿功能主要旨在产生恢复损害发生之前原状的效果，侧重事实上的赔偿、补偿、补救和救济，而较少地进行道德评价。补偿功能的实现可分为两种：一是直接补偿，即责任人直接的作为或者不作为以达到恢复原来状态的目的。如合同违约方主动继续履约的行为、侵害相邻权的责任主体主动拆除建筑物、物质损害通过金钱赔付得到完全的救济等。直接补偿往往是用于涉及财产权利和一些纯粹经济利益场合。二是间接补偿。这种方式主要用于人身权方面的补偿。如果责任主体行为造成的是名誉、荣誉、人格、身份等方面的侵害的，通常只能采取给付金钱的方式进行间接补偿损失。这种补偿方式实质上无法完全实现对损失的补偿，主要是通过这种补偿最大限度地实现对受害主体的精神和心灵的抚慰。

（三）预防功能

法律责任的预防功能是指法律责任通过强制责任人补偿其所造成的损害，对责任人进行严格的制裁等一系列不利后果承担，教育、引导、威慑责任人及社会上的其他人理性地选择行为。人类的行为大部分是后天习得的。个体行为在一个层次上是对个体行为的习得结果，在另外一个层次上是对别人行为的习得的结果。法律责任主体自身承担法律责任的经验，会为日后行为选择方向。社会其他人可以通过目睹责任人承担法律责任过程所获得的间接经验，形成行为选择的价值倾向。

六、法律责任的归结、承担和免除

（一）法律责任的归结

法律责任的归结也称为法律责任的归责，是指国家机关或者经授权的国家机关依照法定的程序，进行判断、认定、追究或减缓、免除法律责任的活动。与其他归责活动的不同在于其有专门的国家机关进行。

法律责任的归责原则主要有：

1. 责任法定

责任法定是指法律归责的过程必须依法进行。主要体现为：①归责主体必须是依法享有归责权力的或依法授权获得归责权力的主体，一般民事责任和刑事责任的归责主体是人民法院。行政责任的归责主体首先是行政机关，但中级归责主体也是人民法院。企业事业组织、仲裁机构等通过依法接受国家机关的授权或委托，也可能成为归责主体。②责任主体应承担的法律责任的种类、性质、期限、承担方式等必须以预先生效的法律规范为依据。这一方面可以确保法律的实施，使“纸面上的法”能够顺利转化成“行动中的法”，维护法律的权威；另一方面，这可以有效防止责任擅断，贯彻诸如“法无明文规定不无罪”等法律原则，增进法律的确定性。另外，责任法定原则也最大限度地防止归责主体作“有害追溯”，坚持“法不溯及既往”原则和责任自负原则。既“不用今天的法律规范昨天的行为”，也不任意地扩大归责的范围，杜绝归责上的株连。③归责主体的归责过程必须严格遵守程序法。一般来说，没有程序法的正确适用是不可能有实体法的正确适用的，因此只有归责过程是依程序法进行的，法律责任的归结才满足正当性的要求，法律责任的功能才能实现。

2. 公平原则

公平、正义都是法的重要价值类型，责任法定、依法归责就是法的公正性的体现。但法律尤其是成文法具有局限性，在法律无法提供准确的归责依据时，归责主体必须本着符合基本社会公正、法律公正的原则和精神进行归责。具体表现为：①同等情况同等对待。归责主体在裁判过程中，必须保持遵循“先例”的一贯性，即在同样或近似的案件中，归责主体的裁量也必须大体相当，贯彻正义原则。②归责要坚持“罚责相适应”。对责任主体的惩罚和其所造成的损害、主体的主观恶性、主体违法犯罪性质等应保持大致相当。如果做不到“罚当其责”，非但不能实现法律责任的功能，而且可能造成更大意义上的不公平，损害法的正当性。③归责过程中归责主体要坚持法律面前人人平等原则，任何主体的违法犯罪都应受到同等的追究，但要注意恰当地区别对待，在特定情况下，只有区别对待才能达到真正的平等。

3. 效益原则

以较小的投入产出同样的成果或以同等的投入实现较多的产出即效益。归责的效应原则是指针对不同的违法或犯罪，确定怎样的法律责任要始终用效力去衡量。例如经济犯罪的刑事责任一般都判“没收财产”，目的是削弱或剥夺继续犯罪的实力，从而实现法律责任的功能。

（二）法律责任的承担及竞合

所谓法律责任的承担，是指责任主体依法承受不利的法律后果。法律责任归责是以法律责任的承担为目标和逻辑后果的。法律责任的承担方式通常包括主动承担和被动承担两类。

所谓法律责任的竞合，是指由于某种法律事实的出现，导致两种或两种以上的法律责任产生，而这些责任之间相互冲突的现象。同一行为同时符合不同法律责任的构成要件，从而导致了不同法律责任间的冲突。法律责任竞合的特点为：①数个法律责任的主体为同一法律主体；②责任主体实施了一个行为；③该行为符合两个或两个以上的法律责任构成要件；④数个法律责任之间相互冲突。

法律责任竞合是法律上竞合的一种，它既可以发生在同一法律部门内部，也可发生在不同的法律部门之间。

（三）法律责任的免除

法律责任的免除又称“免责”，是指根据法律本应该承担法律责任，但基于某种法定的主客观情况，可以不必再承担法律责任。

设定法律责任的免除，展现了法律责任追究的复杂情形。恰当的法律责任免除是法律的正当性要求。要注意区分法律责任的免除不是指“无责任”，而是有责任，但该行为仍是法律所反对的或不赞成的。

常见的法律责任的免除情形包括：时效免责、不诉免责、协议免责、辩诉交易免责、自首和立功免责以及因履行不能而免责等。

第六章 权利、义务和权力

第一节 权利与义务概述

一、权利与义务的概念

权利和义务是法律中最核心的概念，法律调整社会关系就是依靠对人的权力义务的配置，通过行为人行使权利、履行义务，来达到法律期待的秩序。法律规范的制定是讲权利与义务在各个社会关系领域进行分配，法律规范的实现是行为人按照法律的规定行使权利、履行义务，就连违法行为也是行为人由于不按照法律规定的权利、义务进行活动。应该说权利和义务贯穿了法律运行的整个过程。

因此，权利和义务是法学上的基本范畴之一，是构建法律的重要内容。法律权利是法律关系中的主体以相对自由的作为或不作为的方式获得利益的一种手段，法律义务是指法律关系中的主体以相对被动的作为或不作为的方式保障权利主体获得利益的一种约束手段。法律义务和法律权利共同构成法律的基本内容，两者相对应而存在，没有法律义务的履行也谈不上法律权利的实现。从法律权利和法律义务的概念中，可以看出两者都是由法律明文规定或从法律规范的精神中推定出来的，具有合法性。在没有得到法律或法律机关承认前，任何权利主张仅仅只是一种主观要求，不具有客观的法律效力，义务人可以拒绝履行。因此，权利和义务具有法定性。但是从主体行使的角度上来看，权利具有自主性，权利主体可在法定范围内依据自己的意志来决定是否实施行为以及实施何种行为；而义务具有强制性，义务主体在法定或约定范围内则不能自行放弃义务和拒不履行义务。

二、权利的特征

权利的特征，主要有以下几个方面：

（1）我们所探讨的法律权利，都是法律所规定的，由国家强制力做后盾，在受到侵害的时候能够得到法律的救济，法律会对侵害权利的行为做出负面评价，权利人可以得到救济。法律规定的权利能够确保得到实现，这才能成为有现实意义的权利。虽然经常讲到“天赋人权”，但实际上，没有法律的保护，不能得到救济的权利，只是一种主观上的要求，是没办法实现的。

（2）权利有一定界限。权利和自由一样，不是无边无尽的，法律规定的权利本身也是有界限的，不能滥用。权利只有合法地行使才能得到法律的保护，超出界限地行使权利，是不受法律保护的，如果给社会、他人带来危害，甚至需要承担法律责任。

(3) 权利行使的目的，本质上还是为了获得利益。从这个方面说，权利就是法律所保护的利益，这种利益不一定总是为了本人的利益，也可能是国家、社会或其他人的利益。

(4) 权利和义务是不可分离的。权利的顺利行使需要义务人履行义务，没有义务就没有权利。反之也是如此。

三、义务的特征

义务的特征主要包括以下几个方面：

(1) 义务是由法律规范所决定的。义务是给行为人苛以负担，这种负担不是随随便便地就加到义务人身上的，它产生的依据可能是法律的直接规定，也可能是当事人根据法律的规定所做出的合法约定。总之，义务是由法律规定直接或者间接决定的。

(2) 义务的履行具有强制性。和某些当事人可以选择行使或者不行使的权利不一样，义务是不能由当事人自由选择是否履行的。法律主体一旦负担起一定的法律义务，那么就必须以法定的方式履行。法律义务的履行是由国家强制力所保障的，如果当事人不依法履行法律义务，那么就会得到法律的负面评价，承担不利的法律后果，即法律责任。

(3) 义务的设定是为了保障权利的实施，这是设定和履行义务的目的。

四、权利和义务的分类

以下介绍几种常见的分类，以助于更好地理解权利和义务的含义。

(一) 依据存在形态的不同

依据权利和义务存在的状态不同，可以将其分为应有权利和义务、习惯权利和义务、法定权利和义务、现实权利和义务。

根据“天赋人权”的观点，权利是基于一定社会情况为主体所应当享有的，其具有天然的正当性。广义上应有权利包括了一切法律规定和未规定的正当的权利，狭义上应有权利仅指人们应当享有却还没有被法律所规定的权利，通常也称为“道德权利”。以此类推，广义上的应有义务是一切被法律规定和未被法律规定但具有其正当性应该承担的义务。狭义上的应有义务就是未被法律所规定，但依据社会关系的特点和法律精神能推断出应该承担的义务，如道德义务。

习惯权利是指人们经过长期的社会生活形成的或者是传承下来的，又或者是约定俗成的，存在于人们的意识和社会习惯中的一种群体性、重复性自由活动的权利。习惯义务是人们在长期的社会生活过程中形成的或是由先前社会传承下来的，一种表现为习以为然的、经常性的、必要性的义务，例如进贡。习惯权利和义务是法律所没有规定的，因此也不能得到法律上的保障和救济，一般来说，只能由社会道德等来进行约束。

法定权利是由法律明文规定的或经由立法纲领、法律原则加以公布的，以规范和观念形态存在的，国家强制力保障享有，能够获得法律上救济的权利。法定义务是法律明文规定、由国家强制保证其履行的义务。法定权利不仅限于法律明文规定，也包括了法律精神、法律原则中蕴含的可以推导出来的权利。而法定义务一般只能限于法律明文规定，不能无故给当事人施加额外的义务。

现实权利和义务，就是主体在现实生活中实际上享有的权利和履行的义务，它是法定权利和义务的现实化。主体通过自己的行为，行使法律上规定的权利和履行法律上规定的义务，从而使权利和义务有了现实性，而并不是纸面上的东西。

（二）根据依据的法律地位的不同

根据权利和义务所依据的法律的地位的不同，是依据宪法还是依据普通法，可以将其分为基本权利和义务和一般的权利和义务。

基本权利和义务是指由宪法所规定的，对于人们在社会生活各个领域中的根本权利和义务，这些权利和义务是公民生存、发展所不可或缺的，被社会公认的、不可剥夺转让的。我国宪法第二章确认的公民的基本权利和义务就属于此类。

一般权利和义务是指由除宪法以外的一般法律规定的、在人们社会生活中享有的具体的权利和义务。它不像基本权利和义务那样重要，但是对于人们的生产生活也是必不可少的。

（三）根据主体范围的不同

根据权利和义务所对应的主体范围，可以将权利和义务分为对世权利和义务与对人权利和义务。

对世权利和对世义务就是指的绝对权利和义务，是指其针对的是不特定的对象。具体来说，对世权利就是指没有特定的义务人，权利人的权利具有排他性，其义务是其他所有不特定的人都对权利人承担不侵害其权利的不作为义务，比如财产权、人身权就是对世权利。对世义务是指义务主体对不特定的所有人的义务，义务没有指向特定的权利人，比如任何人和组织不经法定程序不得剥夺其他公民的人身自由。

对人权利和对人义务是指相对权利和义务，是权利和义务的对象都是特定的法律主体。对人权利是指权利主体有特定的义务人与之相对，可以要求特定的义务人履行义务来实现自己的权利。对人义务是指义务主体履行对特定对象的义务，使其能够实现一定的利益。对人权利和义务常见于债权关系，这些法律关系中权利和义务主体和对象都是特定的。

（四）根据权利和义务的因果关系不同

根据权利和权利、义务和义务之间的因果关系，可以将权利和义务分为第一性权利和义务与第二性权利和义务。

第一性权利又称为“原权利”，是指法律直接规定的或者由法律所授权当事人之间约定的权利，比如财产所有权和合同约定的双方的权利。第一性义务与第一性权利相对，是法律所规定的，为了保障权利人享有权利而为一定行为或者不为一定行为。

第二性权利又叫作“救济权”，是指原有的权利受到侵害以后产生的权利，最典型的第二性权利就是程序法中的诉权。第二性义务是行为人在违反了第一性义务之后产生的，法律规定其应当为违法行为等承担的法律责任，比如侵权责任。

（五）根据主体实现意志和利益方式的不同

根据权利主体依法行使其意志和利益的方式，可以将权利和义务划分为行动权利和消极义务与接受权利和积极义务。

行动权利使得主体有资格做某事或以某种方式采取行动，接受权利使得主体有资格接收某事物或以某种方式被对待。选举权和被选举权是典型的行动权利和接受权利。与行动权和接受权相对应的是消极义务和积极义务。当权利主体有资格做某事或以某种方式做某事时，义务主体就相应地处于避免做任何可能侵犯权利主体行动自由的行为和消极状态，即不得干预、组织或威胁权利主体；当权利主体有接受权时，义务主体处于给付某物或做出某种相应的积极行动状态。

第二节　权利与义务的关系及意义

一、权利和义务的关系

权利和义务的关系是理解权利和义务很重要的内容，在去权利和义务的关系问题上，现在法学界比较主流的观点是，权利和义务在总体上是对立统一的关系，总体上来说权利和义务是等量的，功能上是互补的，价值上也是一致的。

（一）权利和义务在结构上的对立统一性

权利和义务是对立统一的，它们互为前提而存在，相互之间是独立排斥的，在一定条件下可以相互转换。

权利的存在以义务的存在为前提，反之亦然。社会设定一个权利，必须相应地设定一个义务；反之，设定一个义务，必定会存在一个相应的权利。如设定了受教育权，那么针对实现这个权利，就会给社会、父母和其他人都设定了相应的义务，否则这个权利就形同虚设。再比如给子女设定了赡养父母的义务，那么父母也就相应得到了被赡养的权利。在一定条件下，某一行为既是权利也是义务，如行政机关依法行使职权。此外，在一定条件下，权利和义务还能够相互转化，即权利人承担义务，义务人也可享受权利，在法律关系中的同一人既是权利主体也是义务主体。例如父母与子女之间的扶养、教育与赡养、扶助的法律关系。因此没有无义务的权利，也没有无权利的义务。权利和义务一方不在了，另一方也不能存在。权利和义务也是互相排斥独立的，权利和义务是不同的事物，权利是为了主体实现利益而设置的，可以主动要求，也可以选择放弃。义务是为了满足权利主体的利益而设置的，是法律强制设定给义务主体的，义务人不能随便放弃，必须按照法定的方式履行。

（二）权利和义务在功能上的互补性

在现实中，权利的实现会受到义务的制约，而义务的履行也会受到权利的限制。

权利的行使以合法、守法为前提，而合法、守法在一定程度上就是一种义务，权利主体在行使权利的时候如果超越了合法的界限，其权利就不再受到保护，甚至会引起法律上的责任，义务人也不必按此要求履行。权利和义务在功能上互补性，有利于实现更好的法律秩序。

（三）权利和义务在总量上的守恒性

一般来说，无论是一个人既享有权利又需要履行义务，还是一部分人享有权利，另一部分人为此履行义务，权利和义务在总量上大致应该是平等的，这也是社会公平正义的要求，权利大于义务或者义务大于权利，都是社会的不公平。

（四）权利和义务在价值上的一致性

权利和义务的设置，都是为了实现法律价值。

二、权利和义务的意义

法律是调节人们行为和社会关系的规范，这种调节和规范是通过规定人们的权利和义务这种方式来加以实现的，因此，所有法律现象，一切法律部门、法律适用的各个环节以及法律运行的全过程都贯穿了权利和义务。

原始社会末期，人类社会出现了剩余产品、劳动分工和产品交换，随之也出现了“你的”“我的”“他的”之类区分占有、明确所有权的概念，这些最初的权利意识预示着法律的产生，也包含了法律进化、发展的一切矛盾。可以这样理解，法学史就是分析、考察、研究、论证权利和义务的渊源、建构、限度、关系等各种问题的历史；法律制度史本质上就是权利和义务的矛盾、演变的历史。

权利和义务是法律规范、法律关系以及法律责任等法律现象的主要构成要素。法律规范是由假定条件、行为模式和法律后果所构成的，一方面，行为规范赋予了人们权利，告诉人们什么样的注重和行为在法律上是正当合法的，并通过肯定性的法律后果对这种主张和行为予以确认和保护；另一方面，行为规范会为人们设定某些义务，指示人们应当为或不应当为一定行为，如果人们不遵守这些义务，那么法律就施以否定性的法律后果，以保障行为模式所规定的义务得以实现。人们行使权利、履行义务所形成的社会关系就是法律关系，法律关系不同于一般社会关系的关键之处就在这种关系是以法律的规定为依据而形成的。人们如果依据法律规范所规定的权利和义务行为就不会存在法律责任问题，但当人们不遵守权利和义务的要求行为时就会产生法律责任，也就是所说的法律责任是由于行为人违反了法律规范所规定的第一性义务而产生的第二性义务。可以说法律责任的主要目的就是保障权利的正当行使和义务的适当履行。

法律部门是由依据一定的标准对一国先行同类法律规范进行的分类。各个部门法都是由法律规范构成的，而权利和义务是法律规范的本质内容，因此权利和义务贯穿于一国法律的所有部门。作为一国根本大法的宪法，它主要规定的是国家的政治制度、经济制度、法律制度以及文化教育制度，这些基本制度实际上是对不同的阶级、阶层、集团、民族等社会力量在国家生活中的权利和义务的规定，并对公民的基本权利和义务进行了规定。行政法是以宪法为基础，规定国家行政机关及其工作人员在行使国家行政管理权时的权利范围和职责，并确定行政机关与社会公民、法人等行政相对人在相互关系中各自的权利和义务。民法是调整平等主体之间的人身关系和财产关系的法律规范，主要规定的是平等主体之间关于人身、财产的权利和义务。刑法是对严重危害法律所保护的社会关系的个人或单位施以刑罚，以保障人们的法定权利。诉讼法是调整诉讼过程中国家审判机关、检察机关、诉讼当事人、诉讼参与人之间的权利和义务关系。国际法是通过国际条例、国际惯例等方式规定国与国、政府与政府之间在国际关系活动中的权利和义务。总之，不同的法律部门都是以权利和义务为自己的主要构成，并以不同的方式对社会关系进行调整。

法律运行的所有环节都是围绕权利和义务展开的。立法从一定程度上就是对权利和义务在社会范围内进行的分配，它通过法律规范这种制度化的形式确定了人们的权利和义务；法律的遵守就是公民、法人、社会组织依据法律的规定行使权利、履行义务；法律是行政机关及其工作人员在管理社会的活动中具体落实法律所规定的权利和义务的过程；司法是国家司法机关通过各种诉讼程序，恢复被破坏的当事人之间的权利和义务关系；法律监督是国家法律监督机关对国家机关工作人员、社会组织、法人和公民行使权利、履行义务情况的监督，并对违反法律规定的行为进行追究。

一国法律制度在不同程度上反映了这个社会的主流价值观，权利和义务作为法律关系的重要内容也体现了这种价值。国家通过规定权利和义务，保障权利和义务的实现来体现其价值取向。现代社会的法赋予人们越来越多的权利，给予人们政治、经济、文化教育等方面越来越充分的选择机会和行动自由，人们在行使权利、履行义务的同时也不断实现了自我的价值，促进了社会的发展。

综上所述，权利和义务在整个法学以及法治实践中都具有十分重要的地位，因此，法学也常被称为权利和义务之学，某种程度上它的整个体系是建立在权利和义务这一对范畴之上的。

第三节　权力概述

一、权力的概念和特点

权力是一个重要的概念，相比于社会学和政治学，在早期，法学对权力的研究并不多。西方的法学以私法为产生的基础，而最早的罗马法的核心内容就是对权利和义务合理分配的规定，权利和义务一直是法学的基本范畴。那么相比之下，直到近代的权力分立和制约思想的影响，西方法学才开始对权力关注得较多。上世纪初，随着政府职能不断扩张而产生的行政法发展起来后，权力，尤其是对权力的合理控制问题在法学中受到重视，并得到了较为深入的研究。

社会学和政治学上有关权力的定义主要有三类：第一，权力是系统中的一个单位在其他单位的对立面上实现其目的的能力；第二，权力是一个人或一些人在某一社会行动中甚至不顾其他参与这种行为的人的抵抗的情况下实现自己意志的可能性；第三，权力是一个人或许多人的行为使另一个人或其他许多人的行为发生改变的一种关系。

法学界对于权力也有许多定义。布莱克法律词典对权力的定义为：第一，权力是做某事的权利、职权、能力或权能，权力是授权人自己合法做某行为的能力；第三，狭义的权力是只为了自己利益或他人利益处理动产、不动产或者赋予某人处理他人利益的自由或职权。与社会学和政治学相比，法学更把权力限定在合法的范围之内。对于权力的定义，我们可以这样表述：权力是法律赋予的合法处理他人财产或人身的利益关系的职权。

那么权力一般具有以下几个特征：

1. 合法性

权力具有合法性是权力存在的前提，权力所具有的社会影响力并不是来源于赤裸裸的暴力，而是来自其本身的合法性。这一合法性有两方面的含义：首先，权力在实体的内容上必须由法律进行规定；其次，权力的形式也必须遵守相关法律规定的程序。权力的合法性在现代法治社会具有重要意义，任何能对社会生活、人际关系产生影响的权力都必须有自己的界限，其行使必须受到严格的控制，尤其是受法律这样一种制度化的形式的控制，以防止权力行使者对社会生活和人际关系的任意破坏。

2. 社会公益性

权力行使的目的是为了实现一定的社会公益，因此，权力具有一定的公益性。权力的行使不是为了权力行使者的一己私利，而是为了社会公益。现代的法治社会要求权力的行使必须要是以社会公益出发，权力的行使的结果应该和权力行使主体的利益相分离，不应该具有利害关系。为了达到这一目标，比如司法上的回避制度之类的，都是为了避免“既是裁判员又是运动员”。

3. 合法侵犯和处分公共产品性

根据社会契约论等的观点，人们在进入社会成立国家的时候，就让渡了自己的一些社会权利，交给集体组织来行使。组织行使的就是公权力，这种公权力就包括能够对社会中的人、社会公共产品进行处分。这个公共组织这时候要对社会的发展进行管理，就需要对社会权利进行一种“合法的侵犯”，并拥有一种能有效地对公共产品进行处分的能力和资格。并且在面对这种公权力的时候，公民就不能以让渡出来的权利作为抗辩的事由。但是实际上，权力在行使的过程中非常容易被滥用，权力行使者超越了权力界限违法行使的时候，公民也有针对这样的违法行为在法律上的救济权。

4. 不可放弃性

权力行使的目的在于公共利益，因此权力具有不可放弃性。放弃权力会导致社会公共利益的损害，也会影响社会的正常秩序，也会伤害社会中的每个公民的利益。因此权力和权利的可选择性不一样，这是一种“应为”的行为。

由此，权力的“合法侵害性”和处分公共产品的功能，导致权力人很容易滥用权力。现代法治中对于权力的控制，将权力限制在法律的轨道之下行使，是一大要义。

二、权力的分类

根据不同的标准，可以将权力分为不同的类别：

（一）根据性质的不同

根据性质的不同，可以将权力分为国家权力、社会权力和超国家权力。

国家权力是政治国家享有的权力，是现代社会中权力最主要的形式。通常根据权力的作用不同，分为司法权、行政权和立法权，法治中所说的“三权分立”就是指这三种权力。立法权是由国家权力机关所掌握，行政机关掌握行政权，司法机关掌握司法权，三大权力机关之间在行使权力的过程中相互制约和监督，起到以权力制约权力的目的，从而让权力在合法的范围内有效行使，达到设置它们的目的。在联邦制的国家里，国家权力还可以分为中央权力和地方权力。

社会权力是社会所保留的权力。并不是所有的社会公共权力都交给了国家，有一部分由社会行使，比如各种社会公益组织的权力等。

由于国际交往的增加，在国家权力之上产生了一种超国家权力。这种权力主要是由国际组织享有，比如联合国的权力。但应该注意，这种权力实际上是各个缔约国自愿遵守才能发挥其作用，在实际生活中，很多时候国际上的冲突等这种权力却并没有能够有效地干预发挥作用。

（二）根据内容的不同

根据权力的内容不同，可以将其分为对人权力、对物权力和对精神的权力。对人的权力一般指处分人身和自由的权力，对物的权力是指支配物质财富的权力，对精神的权利是传播精神产品的权力。

（三）根据权力是否能给人带来利益

根据权力是否能给相对人带来利益，将其分为服务性权力、侵犯性权力和中立性权力。能够给相对人到来利益的权力是服务性权力，比如行政机关提供的公共服务，义务教育等。给相对人带来不利后果的就是侵犯性权力。还有一些权力是用于做出决断、确认权利和义务关系的，它不改变相对人的利益关系，这种权力就是一种中立性的权力，最典型的中立性权力就是司法权。

三、权力和权利的关系

按照社会契约论的观点，权力的来源是因为人们在进入社会生活成立国家的时候，自愿让渡出一些私人权利，交给国家组织来行使，以保障每个人的生活和社会秩序的稳定，这样国家组织所行使的这些私人让渡出来的权利就是权力。

权利和权力的区别有很多，以下说一下它们的主要不同：

（1）在使用的主体上，公民个人行使的一般是权利，公共管理机关行使的一般是权力。

（2）在性质上，权力是公共管理机关管理社会的一种强力，并且以公共利益为目的，因此具有公益性；权利是社会成员所享有的一种法律上的利益，不具有公益性。

（3）在行使上，权力行使的目的是为了社会公共利益，具有不可放弃性，不能由权力行使者自由选择是否行使，具有“应为性”；权利的行使是对社会主体自身利益的保护，可以依照法律选择放弃行使。

（4）在影响上，权力行使一般可以直接支配其对象，在多数情况下直接或者间接地伴随国家强制力；而权利主体只有在义务主体不履行义务的情况下才能诉诸公权力的保护，一般来说不允许私力救济。

四、权力和职责的法律意义

权力可以根据不同的标准进行不同的划分，但在现实生活中，与法律关系最密切的应该是国家权力，国家权力是政治国家对社会进行管理过程中所享有的强力。国家公共组织对社会的管理职能主要由政府来行使，在历史上，政府管理社会的这一权力也经历了不同的发展时期。在自由资本主义时期，市场的自由竞争占据主导地位，此时要求政府充当“守夜人”的角色，不需要政府的过多干预，而是放权给市场，由市场对社会生活进行调节。到了垄断资本主义时期，随着科学的发展，政府仅仅充当“守夜人”的角色已经不能满足社会生活发展的需要了，这时候政府不再是消极的角色，而是更加积极地行使权力。进入 20 世纪以后，政府有了更多的公共服务管理职能，社会需要政府对于公共领域提供更多的服务和管理职能，国家权力，特别是行政权力，就在不断地扩大之中。

由于国家权力天生具有扩张性和“侵略性”，对于国家权力的控制也是法治的核心要义之一。如何让国家权力能够在法律的轨道上正常行使，而避免出现违法侵犯公民人身财产的行为，是法律要解决的重要问题。

一般来说，当代的法律对权力的控制主要体现在两个方面：一是在内容上，对国家机关能够行使的权力内容都做了详细的规定，这就是通常所说的“权力清单”。只有法律明确授予的权力，国家机关才能行使，而法律没有授权的范围，国家机关就不能插手，即“法无明文规定即禁止”。二是在程序上，强调国家权力必须按照法定的方式行使。这是从程序上对国家权力的控制，一般来说如果权力能够保证以合法的程序行使，是不会出现权力滥用的情况，程序本身就赋予了这个权力行使的正当性。现代社会是一个信息爆炸的社会，每时每刻都有无数信息产生，作为社会主体的个人由于精力有限，不可能有效地掌握各种信息。而作为社会管理者的政府，对信息的把握远胜于个人，所以在权力的行使过程中，行政主体和行政相对人之间就存在一个信息不对称的问题，这就使得行政权力所指向的相对一方处于劣势地位，从而要百分之百保证实体公正几乎是一件不可能的事。为了减少由于信息不对称等原因给实体公平的实现带来的负面影响，程序的公正就成为一种必需。程序公正通过赋予程序参与者以平等的程序地位，平等的程序资源这种方式，使行使权力的结果以一种看得见的公平形式做出。

职责这一概念在现代社会也同行政权力密切相关。行政权力作为现代社会中最重要的一种权力，一般也称为行政职能，其管理社会的职能也要以社会公益为目的，使得这种权力具有不可放弃性。因此，在另一种意义上来说，行政权力也就是一种行政职责。行政机关不仅有管理社会的权力，这也是行政机关所应当履行的管理社会的职责。权力不能超出法律规定的范围之外行使，权力不能违背法律程序行使，否则就要承担相应的法律责任，这是职责的另一种含义。

权力和职责是依法行政的重要构成要素，两者都为法律所规定，是现代法治的重要标志。

第七章　法系

第一节　法系概述

一、法系释义

法系是在比较法学中兴起的一个词语。一般我们认为法系是指具有共同外部特征的若干国家和地区的法律制度的总称，有些也认为可能也具有相同的历史传统。

世界上的所有国家、地区都有自己的法律文化，其内部实行了一套自己独有的法律制度和法律体系。但是在比较法学家通过比较借鉴之后，发现其中在法律渊源、立法技术等方面都有很多相似之处。因此比较法学将相似的归为一类，研究他们相近的历史法律传统、法律渊源等。

二、法系的分类

法律文明是人类进入阶级社会后共有的社会现象，不同国家或民族的法律文明都有共性。但是每个国家或民族的法律文明又因为其历史、地理、经济、文化等会有自己的特点。

虽然法律文明多种多样，但是一般来说，在研究的时候，我们都可以将其分为东方法律文明和西方法律文明两种类型。因为东西方巨大的文化、地理、经济差异，在法律文明上也表现出了明显截然不同的风格。一般认为，东方法律文明的通常形态是宗教主义法和伦理主义法，法与道德的联系非常紧密，甚至并没有其相对独立性，在社会生活中难以产生至高无上的权威。西方的法律文明源自西方文明，缘起于古希腊和古罗马法律文化，强调法律的正义性，法律本身就有自己的相对独立性，能通过法律来约束政治权力，法律具有无上的权威性。用我国的法律文化与西方法律文化作对比的话，由靠近海洋这一地理特点导致其生产以海洋捕捞为主要生产方式。在这样的生产生活方式下，一方面，商品交易出现得很早。为了规制商品交易，使生产生活能更有效地发展下去，需要双方地位平等交易才能持续长久地进行下去，也需要完善的商业规则来调整交易中出现的各种情况，因此西方的法律文明以私法发达为最明显的特征。另一方面，由于海洋所带来的风险和不确定性，让古希腊和古罗马人比起政治权威，自然是更加重要的法则。他们相信在世俗法律之上还存在着自然法，这样的法则是每个人都必须无条件服从的，任何人都不能违背，这也就是法律能超越世俗统治者的权威，成为至高无上的存在的来源，在这样精神的指导之下，法律可以约束政治权力。在这两方面的影响之下，也就诞生了现代西方法律文明的基本精神，人人平等和法律至高无上的权威。比较之下，我国是农业文明的国家，自古以来以农耕生产为主，农耕生产的相对稳定性决定了对于自然没有那么强烈的依赖感，而是更加需要将人们固定在土地上稳定地劳作。因此建立了一个以农耕生产为主的政治组织之后，最重要的是用等级制度来确立权威，将人们束缚在农地上。法律是为了与道德相辅助成为统治者约束人们行为的规范，商业交易的规则很少甚至会抑制商业的发展，而是以刑罚为主，限制人们的行为。因此在这样的历史传统下，刑法更加发达，法律更多是统治者用来捍卫统治、惩罚一般人的工具。

经过长期的历史发展，西方社会形成了各种法律制度，虽然对于这些法律制度的划分没有形成完全的认同，但一般来说学者们普遍赞同将其划分为英美法系（普通法法系）和大陆法系（民法法系）。除了这样的法系划分之外，全世界还有伊斯兰法系、中华法系、社会主义法系等。

第二节 大陆法系

一、大陆法系释义

大陆法系，也称罗马—日耳曼法系、民法法系、法典法系，是指以古罗马法为基础、从 19 世纪初《法国民法典》发展起来的国家和地区法律制度的总称。

大陆法系是西方两大法系之一，探讨其分布范围，首先要明确这一法系是以法国和德国为主的，这两个国家的法律都是以《古罗马法》为基础建立的，它们的法律制度和法律思想对大陆法系的形成产生了重要的影响。当前属于大陆法系的国家和地区，主要是以法国、德国为代表的欧洲大陆的国家，包括意大利、比利时、西班牙、葡萄牙、瑞士、奥地利等，但是其影响已经扩展到全世界各地。

二、大陆法系的形成和发展

大陆法系的产生以古罗马法为基础，其形成经历了自罗马法复兴至十九世纪的长期发展过程。

大陆法系的起源来自于 13 世纪欧洲文艺复兴运动，复兴古罗马法的时期，古罗马的法律文明对后世的影响主要体现在其精致的法律制度方面。罗马共和国时期制定了《十二铜表法》。东罗马帝国查士丁尼编纂了《罗马法大全》，这些都对欧洲后来的法律文化产生了深刻的影响。古罗马发达的商品经济，使得其私法一直走在世界前列，也对大陆法系的私法文化产生了无与伦比的影响。

在此之后，漫长的中世纪过程中，它也受到了古罗马法以外的其他法律的影响，如日耳曼法、习惯法、教会法、商法、封建法以及城市法等。同时，大陆法系的形成与一些历史事件也是不可分的，如中世纪古罗马法的复兴、18 世纪法国革命及理性主义思潮的冲击、19 世纪欧洲大陆的法典编纂，特别是 19 世纪初《法国民法典》和 19

世纪末《德国民法典》的编纂，它们对大陆法系的发展产生了巨大的影响。1804 年的《法国民法典》曾被强加给比利时和卢森堡，并被荷兰、意大利、西班牙各国借鉴和效仿。《法国民法典》对欧洲以外的广大地区也有重要的影响。在近东、亚洲、非洲，特别是中南美洲，由于法、西、荷、葡各国的殖民政府和对外扩张，这些地区都接受了《法国民法典》的模式。德国在诉讼法和行政法方面深受法国法律的影响，但其在 19 世纪末制定的民法典与《法国民法典》有很大差别。由于德国是在《法国民法典》制定了几乎一个世纪之后才出现的，当时许多国家都已经效仿《法国民法典》的模式，再加上《德国民法典》及其“学说汇纂派”的法律思想的特色，以及《德国民法典》中本身所体现出来的高度技术性和复杂性，这些都使这一法典较难取得《法国民法典》那样的优势，很难被其他地区借鉴和进行法律移植。但应该注意的是，《德国民法典》对 1916 年《巴西民法典》、1896 年和 1898 年《日本民法典》以及韩国和中国国民党政府时期的民法典都有影响。

三、大陆法系的特征

（一）强调私法和公法之间的区分

大陆法系对于法律有公法和私法的划分，这是罗马法所首创。一方面，由于其独特的海洋文明、发达的商品经济，在私法方面一直发达且受到重视，而公法方面就稍显其弱。对比限制公权力滥用的公法，其在保护私法权利方面的私法无微不至。另一方面，因为西方的封建制度，“我的领主的领主并非我的领主，我的附庸的附庸也并非我的附庸”这样泾渭分明的法律地位和权利划分，使得对于私法权利的保护也是有效的。与此同时，以《圣经》为主要渊源的教会法强调上帝面前人人平等，强调诚实信用，注重交易安全；并在私法的婚姻、家庭、集成方面对后世产生了深刻的影响。文艺复兴等的运动，强调以人为本的思想。这些方方面面都是私法上的法律思想和法律制度的不断完善和加强。

（二）强调理性和哲理的指导作用

对于以罗马法为基础建立起来的大陆法系，罗马法的精神对于其整个法律体系内在影响深远。罗马法的精神支柱——理性主义，构成了大陆法系哲学传统的基本精神。古希腊的理性思想先是通过罗马法将其私法化，形成一个理性思想的私法体系。中世纪的阿奎那等在形式上将其神学化，但理性的光辉依然在。中世纪后期和近代前期，随着商品经济的发展和国家-社会的二元对立，从古希腊和古罗马传承下来的理性思想和理性法再度融合，转换成完整而体系化的古典自然法学说，有机地完善了大陆法系的私法原则并形成公法的基本理论从而树立起了大陆法系的精神支柱。理性主义的载体就是自然法思想。

（三）法学家在立法中的重要作用

由于秉承着理性主义的思维方式和自然法的影响，法被看作是根据正义观念而被公认的权利和义务的学说体系。反映在立法上，大陆法系依循一定法律学说的指导通过立法机关来表达一般的抽象原则，法学家自然在立法中起指导作用。

在法的观念上，人们认为理性是唯一可靠的认知方法，而和经验主义相反，通过理性力量，人们可以发现一个理想的法律体系，并以此建立各种规则和原则，将其作为法典的指导。在这里面法学家起着非常重要的作用，从古罗马的时代，乌尔比安等法学家就在一定程度上起着立法者的作用，他们的学说甚至可以直接用于司法断案，具有和皇帝敕令一样的法律效力。目前的大陆法系的许多基本原则，都是法学家思考的产物，法学家的理论对于整个大陆法系的产生和发展都起着至关重要的作用。

（四）法律法典化及其独特的渊源

有无法典的存在并不是区别大陆法系和英美法系的依据，大陆法系的大多数国家固然有法典，但在英美法系国家，很多部门法内也存在着系统化的法典。比如英美法系的代表——美国，也有其著名的商法典。但是作为大陆法系的特点之一，大陆法系的国家更加注重制定系统化的法典，理性主义的精神和传统，法学家的重要作用，相信理性的判断，相信立法者的判断和前瞻，因此更加重视制定一部完善系统的法典来指导法律实践，从《法国民法典》到《德国民法典》，这些法典都对于法律的发展、社会的变化有着至关重要不可忽略的影响。而相比较之下，英美法系的国家更加注重法官造法，在判例中去寻求司法精神的司法审判的依据。

第三节　英美法系

一、英美法系释义

英美法系，又叫作普通法系、海洋法系，是以英国中世纪的法律，特别是普通法为基础产生和发展起来的，以英国法和美国法为代表，以及在英美法律传统的影响下所形成的具有共同外部特征的各个国家和地区的法律制度的总称。

英美法系以英国法为基础，随着英国的殖民扩张而在英国国外传播。如今，英美法系的分布范围大体上包括英国本土（苏格兰除外）、爱尔兰以及曾作为英国殖民地、附属国的许多国家和地区，其中包括北美的加拿大（魁北克省除外）、美国（路易斯安那州除外），大洋洲的澳大利亚、新西兰，亚洲的印度、巴基斯坦等。

二、英美法系的产生和发展

普通法发轫于英格兰，由拥有高级裁判权的王室法院依据古老的地方性习惯或是理性、自然公正、常理、公共政策等原则，通过“遵循先例”的私法原则，在不同时期的判例的基础上发展起来。普通法的裁判依据是法官通过在各个时期的判例中寻找司法的原则和精神，作为案件的裁判依据，在确立判例、由于时代的发展而不断地有新判例的情况下发展起来的。法官裁判并不是完全依照之前的判例进行一模一样地裁判，而是在判例中去寻找司法规则和原则，继承该判例所体现的司法精神，根据这一规则、原则和精神来做出具体裁判。

普通法的形成，最开始是诉讼只向地方性的司法机关提出，国王只在一些特殊的场合才能行使“最高审判权”。到了后来中央拥有了普遍性的司法管辖权，这时并没有统一的法典，法官的办案依据是国王的诏书和敕令，以及各地法律习惯中合理、公正的部分。法官们经常在一起讨论交流办案经验，并且将一些共同认可的规则等作为办案依据的判例逐渐加以统一，这些判例就成了普遍适用全国的法律——普通法。

但是英美法系的体系中，不止包括判例法。在14世纪的时候，这种严格按照形式主义运作的普通法，由于受到过于形式主义的诉讼程序的限制，法院的创造力逐渐衰弱，普通法不能为社会中的大量案件提供救济。败诉方在不能被公正的判决救济的时候，就会想到向国王求助，于是在这种情况下，大法官对于必要的申诉会转告国王，国王会在枢密院进行处理。后来大法官独立于王室法院以外，以国王和枢密院的名义独立判决，这种考虑个案中的公平公正的判决处理方式，就是衡平法。在经过各种斗争和妥协之后，最终形成了同一法院可以同时使用普通法和衡平法，普通法和衡平法一起构成了英国法律的重要渊源。

三、英美法系的特征

（一）判例法为主的独特法源

对于英美法系国家，判决不仅有对于该具体案件定分止争的功能，一部分判决可以变成判例，对今后法官在相同或相似案例的裁判上具有拘束力，成为今后法官裁判的依据。这种不同于大陆法系以成文法为主要渊源，英美法系中判例成为司法的主要渊源。

与大陆法系的理性主义为精神指导不一样，英美法系以经验主义为指导，注重对于实践和经验的分析，注重前人和权威的经验。这种思想指导下的司法，直接体现为遵循先例。同样或类似的情况进行同样或类似的对待，这样可以更有效地保障当事人的合法权利不受侵犯。当事人可以通过搜寻先例的方式，在相同或类似的案例中确保能得到相同或类似的待遇，减少法官个人的恣意和偏见。当然，并不是所有案件的裁判都能够成为判例，只有确立了清楚的规则、原则并得到公认的权威的判决才能成为具有拘束力的判例，一旦判决成为判例，就很难被推翻，对于法官裁判都具有拘束力。只有随着时代的发展，有更加符合社会变化的新规则的判例可能会将其推翻。

（二）法官的重要作用

和大陆法系由法学家等通过理性思考指引立法、创新社会制度和通过社会革命完成变革的模式不同，英美法系的许多制度创新和社会变革都是来自司法而不是立法，法官在这个过程中扮演了更为重要的角色。

英美法系国家的法官，一般既具有扎实的理论功底，又具有丰富的社会司法实践经验，由于判例法为主要的法律渊源，法官的地位非常高。一方面，通过遵循先例，法律具有一致性和稳定性；另一方面，法官也会在具体案件中，除了遵循先例中体现的法律原则，也会结合社会时代的具体情况，根据法律精神而对法律原则做出与时俱进的解释，丰富和完善原有的法律原则，在没有先例的情况下通过判决创造先例，使得法律也具有连贯性，并且法官也有自己发挥创造的机会。在这样的情况下，制度创新上，比如信托制度、侵权行为归责原则的变迁等都是通过法官的具体判例逐渐确立和完善的。

（三）法律的实务性和经验主义的基础

由于判例法本身就是经验实践的产物，是在司法实务中逐渐发展起来的。其缺乏对于法形而上学的分析，更多的是法律的经验性的运用。霍姆斯的名言“法论的生命不在于逻辑而在于经验”就是针对这种经验主义的基础。在这种经验主义的浸润之下，英美法的显著特征就是务实性，更加强调和重视法律的实践运用，法律的知识不是事先从理性的设计出发，而是对于以往的经验和习惯的总结和分析。在法律人的培养方面，根据这个思维，也不是通过系统的学科知识进行书面学习，而是采用在具体案例探讨磨炼中经验不断地积累。

（四）强调程序，实行对抗制的诉讼模式

英美法系的重程序体现在其整个法律体系是围绕着司法救济而设计和运行的，这一点和大陆法系以立法为中心的法律体系模式有很大的不同。

在这一体系的运行下，首先表现为注重通过司法进行权利的救济，法律事先不是进行权利和义务的分配，而是对于打破双方平衡时如何救济权利、修复秩序、填补损失。与大陆法系一开始就已经规定好行为人的行为模式不同，英美法系是事先将行为交给当事人自己权衡，在双方平衡被打破要求法律进行干预的时候，司法才出面予以裁判和救济。因此整套法律体系中，大陆法系是按照整个行为前、中、后这个逻辑结构来设计，而英美法系则是把重点都放在了双方对于司法程序的要求上，如何设计一套有效而公平的救济程序成了法律体系的中心。又正是在这一思想的指导之下，法律更加注重的是对于双方行为的中立裁判，双方如何在法庭上力量均等地博弈，对抗制诉讼就是由此出现的。比之大陆法系偏向于“纠问制诉讼”的色彩，英美法系的对抗制诉讼的特点是让当事人双方能够力量均衡地辩论和对抗，法官在中立的立场上充当双方纠纷的裁断人，一般不会主动询问证人、也不会主动搜集证据。

从古至今在人们追求正义的时候，往往都着眼于实体正义，注重最终的结果是否公正，导致程序经常被忽略。而英美法系素以注重程序而著名，尽管复杂、僵化的程序是当今司法改革的重要内容，但是程序的独立价值在英美法系中体现得最为彻底。人们已经认识到，程序具有独立于实体的本身的价值，程序的公正本身也是结果公正的一部分。在实体正义往往对于不同人有不同看法意见的时候，程序正义正是赋予了结果的正当性，程序正义被认为是“看得见的正义”。作为程序法一部分的对抗制，也是体现了对于程序正义的重视。

四、两大法系的演变及发展趋势

两大法系虽然在思维方式、对于司法先例的约束力、对于制定法的解释等方面有差别，但也不是绝对的，并且还要看到它们的现状和之后的发展趋势。

（1）在法律渊源上，按照传统大陆法系是以制定法为主，英美法系是以判例法为主。但现在的状况是，在大陆法系中很多国家也开始注重先例的重要作用，而英美法系的国家制定法也开始逐渐增多。

（2）在法典化的问题上，大陆法系在传统上实行法典化，英美法系在传统上不采用法典的形式。但是现在英美法系也有少数法律部门有了法典，大陆法系的一些重要法律部门也并没有采用法典的形式，而是采用更加灵活的行政法规、单行法这样。

（3）在法律的分类上，大陆法系有公法和私法之分，英美法系则是区分为衡平法和普通法。随着时代和科学的发展，公私性质兼有的法律逐渐兴起，在一些法律上面很难绝对区分公法和私法的性质。而在英美法系，则开始考虑划分公法和私法。

第八章　法的制定

第一节　法律制定的概述

一、法律制定释义

法律的制定，一般称为立法。当今对立法有广义和狭义的定义之分，狭义的立法是最高国家权力机关及其常设机构依照法定的权限和程序，制定、修改、补充和废止规范性法律文件的活动。广义上的立法是国家专门机关根据法定的权限和程序，制定、修改、补充、废止各种具有不同法律效力和地位的规范性法律文件的活动，形成广义上的法律。

法律的创制是国家的一项职能活动。在古代，都是由君主来一手制定法律，一般不会有特定的立法机关和立法程序。到了近代，资产阶级革命推翻了君主的实际统治，根据三权分立的思想，将立法权交给了专门的立法机关，不断完善立法程序，明确立法权限，立法活动成了由特定国家机关根据法定的权限和程序制定、修改、完善法律的特定活动。

二、法律制定的特征

（一）是由国家特定机关进行的活动

立法是国家权力的一项重要内容，是国家权力的运用。但是并非所有的国家机关都有立法的资格，只有被赋予了相关权力的国家机关才能从事立法活动。比如我国全国人民代表大会及其常务委员会有立法权，而最高人民法院就没有。只有法律明确规定和经授权的国家机关才能从事立法活动，其他任何机关、组织、个人都没有这个权力，也不能从事此项活动。

（二）一定国家机关依照一定的职权进行的活动

不是所有有立法权的国家机关都享有同样的立法权，在日益复杂的当今社会，根据国家机关职能的不同，不同的有立法权的国家机关所进行的立法活动是不同的，能够立法的事项范围等也是不同的。这些可以从事立法活动的国家机关，也必须依照法律规定的职权，在权限内进行立法活动。

（三）按照法定程序进行的活动

法律的制定必须是依照法律所规定的程序进行，违反法律规定的程序进行的立法活动都是无效的。由于立法权属于国家权力，国家权力很容易被滥用，必须要受到约束。那么要让立法权能够发挥其设定时应有的作用，就必须让其依据一定的程序进行，否则就可能滥用立法权，无法使制定出来的法律能够表达民意、符合现代法律的要求。从现代的立法来看，虽然各国立法程序不尽相同，但大都经过法案的提出、审议、表决通过和法律公布等程序。

（四）运用一定技术进行的活动

法律的制定是一项专门的活动，包括创造性地造法活动，也包括对已有的法律进行修改、补充、废止的活动。这是需要一定的立法技术才能完成的活动。制定法律时，需要涉及立法语言表达技术、法律条文表达技术、法律逻辑结构的表达技术等一系列的技术问题。为了让法律能够真正地到达立法要求，就必须重视立法技术。

三、法律制定的分类

根据立法主体的性质、立法权限等方面的不同，立法活动的分类可以有以下几种。

（一）专制的立法和民主的立法

这是根据立法主体的政治性质不同所做的分类。在历史上享有立法权的主体主要有两个，一个是专制君主，一个是民选的代议机关。对于君主享有立法权，由君主独断立法的称为专制的立法，这种立法模式下由君主专制行使立法权，立法的目的也是为了方便专制君主维护统治秩序和专制利益。另一种是由人民所选举的代议机关行使立法权，这种立法活动是在法定权限内按照一定的程序进行的，制定的法律代表着人民的公意，立法权实际上所有者是人民。需要注意的是，在君主立宪制的国家里，虽然名义上立法权是君主的，实际上君主的权力只是名义上的，实际上依然是代议机关行使和决议的，这种模式依然是民主的立法。

（二）代议机关的立法和行政机关的立法

这是在民主立法模式的内部所做的区分。广义上的立法，不仅仅指代议机关所行使立法权的活动，也指有相关职能的国家机关的立法活动。根据三权分立的理论，代议机关行使立法权，行政机关执行法律。但是在具体的社会生活中，代议机关制定基本的法律，而在某些具体的社会领域，行政机关也会制定一些行政规章来更加方便行使管理国家的职能，以此应对日益复杂的社会生活。

（三）中央立法和地方立法

这是根据立法权限和立法主体所做的划分。中央立法是由中央国家机关所做的在全国范围内均有效的立法，地方立法是地方机关针对本地所做的只在本地区范围内生效的立法。在单一制国家里，地方立法的效力是要低于中央立法的效力，地方法规不能与中央的规定相抵触，否则自动失效。而在联邦制的国家里，地方立法是可以和联邦立法并行的，双方并不是绝对的相抵触而联邦立法的效力更高的关系。

（四）职权立法和授权立法

这是根据立法主体的立法权限的来源所做的分类。职权立法是指立法主体的立法权限来自法律的明确规定，授权立法是指立法主体的立法权限来自其他机关的依法授权。前者具有一般性和稳定性，后者具有特殊性和机动性。

第二节　立法理念

这里的立法理念仅仅探讨立法的指导思想和立法原则。立法不仅是专门的国家机关按照立法权限、根据一定程序行使立法权的活动，更是需要根据一定的指导思想和基本原则，才能真正地实现立法目的，使立法符合现代立法的要求。

一、立法指导思想

立法的指导思想是指贯穿于整个立法活动、能够体现立法的宗旨和目的的指导性意见和观点。立法的指导思想对于整个立法活动，起着指明目的和方向的作用，它应该是主权者的意志的体现，应当体现出主权者到底需要制定出一部怎样的法律，所有的立法活动以及所制定出来的法律，都是应该在立法指导思想这一指引之下，完成立法所想要达到的立法要求。在不同的时代背景、不同的国家体制之下，立法的指导思想都可能是不同的。

比如当前在我国《中华人民共和国立法法》第三条规定："立法应当遵循宪法的基本原则，以经济建设为中心，坚持社会主义道路、坚持人民民主专政、坚持中国共产党的领导、坚持马克思列宁主义毛泽东思想邓小平理论，坚持改革开放。"这就是我国当前立法的指导思想的表述。

二、立法基本原则

立法的基本原则是国家立法指导思想在实际立法活动中的具体贯彻和落实，是对国家立法意图的总体概括和指导方针。当前我国立法的基本原则主要有：

（一）实事求是，从实际出发

《立法法》第六条规定："立法应当从实际出发，适应经济社会发展和全面深化改革的要求，科学合理地规定公民、法人和其他组织的权利与义务、国家机关的权力与责任。"这是对于立法的实事求是原则的阐述。

对于立法这一项对国家社会和所有人的生活都密切相关的活动，必须做到实事求是，从实际出发，这是对于立法活动的最基本的要求。从以往的历史经验可以看出，立法活动是一项必须立足于本国当前国情、立足于本国历史传统等的活动。光靠着立法者理性思维和对于西方国家立法经验的借鉴是不行的，要制定出适合我国的法律就必须要立足于本国国情，每个国家地区由于历史传统、民族文化、经济政治、地理状况等的不同，这些因素都会实际地影响法律的实施效果。只有从事真正符合本国国情，从实际出发进行的立法活动，才是适合我国的立法。

要做到实事求是，一方面需要立法者正确认识客观规律，尊重客观规律；另一方面需要立法者深入调查研究，正确认识本国实际国情，处理好借鉴外国经验和结合本国实际情况的关系。

（二）科学立法

必须承认，法律大多数社会实践经验的总结，是经验的产物。法律是在调整社会的矛盾中产生的，在社会生活中发生了一些新的情况，法律就由此做出适当的规定来平衡当事人之间的权力义务关系。因此科学立法首先是要尊重实践经验，总结实践经验。

但是另一方面，也要求立法应该具有预见性，不仅是要对既存事实的肯定，也应该要对未来具有一定程度的科学预见。在理性的趋势之下应该看到一些社会未来的发展趋势，要有一定的“超前立法”，这样才不至于使立法活动显得永远处于被动滞后的状态。将经验总结和理性预见相结合，才能让法律能够发挥更加长远积极的作用。

（三）法制统一

坚持法制统一，首先是立法要坚持以宪法为核心和统帅，任何法律、行政法规、地方性法规等都不得与宪法冲突，法律法规之间具有协调一致性，内部不出现互相冲突矛盾的现象，全国有一个统一、完整的法律框架体系。

坚持法制统一，还要注意将法律的稳定性、变动性和连续性相结合。法律的稳定性是指法律一旦制定公布，在一定时期内应该是不变的，不能朝令夕改，法律应该提供明确、稳定的行为规范。如果法律不停地变动，不仅会让人们混淆行为方式，更会使得法律丧失权威性、严肃性。但是这种稳定性是相对的，在社会生活状况发生巨大变化的时候，法律就应该变动、修改来使自身适应社会生活的变化，而不能制定出一部法律后一劳永逸，僵化不变。法律在变动的时候，就要注意法律的连续性，应该是相互之间有承接关系的，不能随意中断，是一脉相承的关系。法律的稳定性、变动性和连续性相结合也是法律保持其内部法制统一的重要内容。

（四）民主立法

《立法法》第五条规定：“立法应当体现人民的意志，发扬社会主义民主，坚持立法公开，保障人民通过多种途径参与立法活动。”这是对于立法的民主原则的表述。现代的立法，都应该是人民授权代议机关行使立法权的活动，立法应该体现的是人民的意志。

在我国的立法过程中贯彻民主原则，实行立法的民主化，总的来说，要使广大人民群众都能够直接或间接地参与国家法律的制定，具体体现为立法程序的民主化。立法程序民主化的实现，取决于直接民主和间接民主的结合，特别是把间接民主切实地建立于直接民主的基础上。从理论上讲，公民不通过任何中间环节直接享有立法权，是体现民主原则的最佳方式。但是在地域辽阔、人口众多的国家难以采取这种方式。因而公民选出代表，由这些代表组成立法机关行使立法权成了最普遍的立法形式。但是，民意机关能否真正代表民意以及如何真正代表民意是现代民主制的难题。在我国这样的难题主要体现在民意如何反应给代表，代表如何表达出民意并使得大多数人的意志能够反应在法律中。那么这要求在选举人大代表的时候，应该提供更多的方式了解候选人，让基层选举能够更加切合广大人民的意志。而被选出来的人大代表也应该主动和群众多沟通联系，切实了解广大群众真正的诉求，由此在立法的过程中，所提出的议案、表决通过的时候，才能更加民主，符合人民真正的意志。

（五）保障人权

现代政治国家的法律，公法主要是为了限制公权力、确定公权力运行的边界，私法是为了保障私人权利，分配权利和义务，司法也是为了救济权利。整个法律体系都是为了保障权利而存在和运行的。因此在立法的过程中，以人为本、尊重和保障人权也是一个重要的原则。

在立法工作中尊重和保障人权，首先要通过立法积极贯彻和落实宪法赋予公民的一切权利和自由。宪法是国家的根本大法，其根本目的是为了保障公民的权利和自由，在立法的过程中也应该积极贯彻宪法的这一思想，将尊重和保障人权作为基本理念，贯穿于整个立法活动。其次要求立法工作要限制和规范公权力的运行为重点内容。权力容易被滥用，权力一旦被滥用受到最严重侵害的就是公民的人权，因此立法应该严格规范和限制公权力，特别是行政权力，让政府不要对社会生活和市场经济进行不必要的干涉，让权力运行在法律的轨道上，既好好履行职责又能防止权力扩张和滥用。

第三节　立法体制

一、立法体制释义

立法体制是关于一个国家立法权配置、立法机关的设置和权限配置的问题，其核心问题是立法权限的划分，主要包括哪些国家机关享有立法权，各立法主体有哪些范围的立法权。

一个国家的立法体制涉及哪些国家机关有立法权，中央和地方的立法权限如何划分，这就是这个国家的国家管理形式和国家结构形式所决定的。在君主专制的国家里，一般就实行专制君主一个人享有独断的立法权。而在现代民主国家都建立了以代议制为核心的民主立法体制。在单一制的国家里，全国只有一个最高的权力机关，立法权由中央权力机关统一行使，全国是一个统一的立法体系。当然在单一制国家里，并非地方就完全没有立法权限，在有些事项上地方具有一定的立法权限，比如在我国地方也有制定地方性法规的权力。在联邦制的国家里，全国是二元或多元的立法体制，一国内有两个或者多个立法机关可以行使各自的立法权限，双方有明确的立法权限的划分规定，一般是由宪法对联邦专有的立法权限和联邦地方保留的立法权限作出规定。

二、我国现行立法体制的特征

（一）一元性的立法体制

中国现行的立法体制是一元性的立法体制，即实行中央集中统一领导，强调国家立法权属于中央，全国是一个统一的立法体系。

（二）两级并存的立法体制

中国现行的立法体制是两级并存的立法体制，即中央一级的立法和地方一级的立法同时存在。既有全国人民代表大会及其常务委员会、国务院等中央一级的国家机关可以行使立法权，地方上一些人民代表大会及其常务委员会、人民政府等也有一定的立法权限。

（三）多类结合的立法体制

中国现行的立法体制是多类结合的立法体制。全国人民代表大会作为最高国家权力机关，享有最高的国家立法权，行使修改宪法以及制定基本法律的职权。在我国的立法体制中还包括行政法规制定权、民族自治条例与单行条例制定权等多种类别。

这种一元两级多层次的立法体制，符合我国多民族的单一制国家结构的实际情况，既能有效地实现法制的统一，又能够发挥地方的积极作用，是实事求是、从实际情况出发来考虑立法体制的结构设置的表现。

三、我国的立法体制

我国现行的立法体制是1949年以后建立和完善起来的。从1949年中华人民共和国成立到1954年《宪法》颁布实施，这一时期是我国立法体制的初创时期。这时中央人民政府委员会是国家最高立法机关，有权制定法律、颁布法令，有权批准、废除和修改我国与外国订立的条约和协定。这时候各级政府也有拟定法令、法规、条例的权力。随着1954年宪法的建立，我国的立法体制初步形成。第二个时期是1954年到1982年，这一时期立法权高度集中于中央，主要是集中于全国人民代表大会。第三阶段是1982年宪法实施以后至今，我国的立法体制逐渐趋于完善和成熟。

目前我国的立法体制框架如下：

（一）中央立法权

中央立法权包括国家最高权力机关立法权、最高行政机关立法权和中央军事委员会的立法权。

1. 全国人民代表大会及其常务委员会

全国人民代表大会有权修改宪法，制定刑事、民事等基本法律，有权修改和撤销全国人民代表大会常务委员会的不适当的立法。全国人民代表大会常务委员会有权制定和修改除应当由全国人民代表大会制定的法律以外的其他法律；有权在全国人民代表大会闭会期间，对全国人民代表大会制定的法律进行部分修改和补充，有权撤销国务院制定的同宪法、法律相抵触的行政法规、规范性决定和命令，有权撤销省级国家机关制定的同宪法、法律、行政法规想抵触的地方性法规和规范性决议，有权决定同外国缔结的条约和重要协定的批准和废除等。

根据《立法法》的规定，最高国家权力机关的立法事项包括：①国家主权的事项；②各级人民代表大会、人民政府、人民法院和人民检察院的产生、组织和职权；③民族区域自治制度、特别行政区制度、基层群众自治制度；④犯罪和刑罚；⑤对公民政治权利的剥夺、限制人身自由的强制措施和处罚；⑥税种的设立、税率的确定和税收征收管理等税收基本制度；⑦对非国有财产的征收、征用；⑧民事基本制度；⑨基本经济制度以及财政、海关、金融和外贸的基本制度；⑩诉讼和仲裁制度；⑪必须由全国人民代表大会及其常务委员会制定法律的其他事项。对于这些事项中尚未制定法律的，全国人民代表大会及其常务委员会有权做出决定，授权国务院可以根据实际需要，对其中的部分事项先制定行政法规，但是有关犯罪和刑罚、对公民政治权利的剥夺和限制人身自由的强制措施和处罚、司法制度等事项除外。

2. 国务院

国务院的立法主要由三部分组成：一是根据《宪法》第八十九条规定的有关国务院行使行政管理职权的事项，可称为职权性立法权；二是为执行法律的规定需要制定行政法规的事项，可称为执行性立法权；三是根据全国人民代表大会及其常务委员会的授权决定先行制定行政法规，可称为授权性立法权。

此外，根据《立法法》的规定，国务院各部、委员会、中国人民银行、审计署和具有行政管理职能的直属机构，可以根据法律和国务院的行政法规、决定和命令，在本部门的权限内制定规章。部门规章规定的事项应当属于执行法律或者国务院的行政法规、决定、命令事项。

3. 中央军事委员会

中央军事委员会有权制定军事法规。中央军事委员会各部、各军兵种、各军区等有权制定军事规章。

（二）地方立法权

地方立法机关的立法权包括省、自治区、直辖市人民代表大会及其常务委员会根据本行政区域的具体情况和实际需要，在不同宪法、法律、行政法规相抵触的前提下，可以制定地方性法规；省、自治区人民政府所在地的市人民代表大会及其常务委员会，经国务院批注的较大的市的人民代表大会及其常务委员会根据本市的具体情况和实际需要，在不同宪法、法律、行政法规和本省、自治区的地方性法规相抵触的前提下，可以制定地方性法规，报省、自治区的人民代表大会常务委员会批准后施行；民族自治地方的人民代表大会有权依照当地民族的政治、经济和文化特点，制定自治条例和单行条例。自治区的自治条例和单行条例，报全国人民代表大会常务委员会批准后生效；自治州、自治县的自治条例和单行条例报省、自治区、直辖市的人民代表大会常务委员会批准后生效。自治条例和单行条例可以根据当地民族的特点，对法律或者行政法规做出变通规定，但不得违背法律和行政法规的基本原则，不得对宪法和民族区域自治法的规定以及其他有关法律、行政法规专门就民族自治地方所做的规定做出变通规定。

地方行政机关的立法权包括：省、自治区人民政府、省会城市和自治区首府城市的人民政府、经国务院批准的较大的市的人民政府，可以根据法律、行政法规和本省、自治区的地方性法规，制定规章。自治区和自治区人民政府所在地的市的人民政府，还可以根据本自治区的自治条例和单行条例，制定规章。

在以上的关于地方立法的规定中，有些地方立法机关的立法必须履行“报批”程序，“报批”与否直接决定该地方立法是否具有法律效力。在这种情况下，可以认为，立法主体所具有的并不是完整的立法权，比如自治区的自治条例和单行条例必须报全国人民代表大会常务委员会批准后才能生效。

（三）特别行政区的立法问题

特别行政区的立法机关在不同特别行政区基本法相抵触的前提下，行使特别行政区的立法权。特别行政区的立法须报全国人民代表大会常务委员会备案，备案不影响该法律的生效。特别行政区的立法权相对于其他地方立法权具有特殊性，相对于中央立法权也有其相对独立性。

第四节　立法程序

一、立法程序释义

立法程序是指享有立法权限的国家机关在创制、修改、补充、废止规范性法律文件的立法活动中必须遵循的法定步骤。

立法程序应当是法定的，它对于立法活动有着重要意义。首先可以保障立法的民主性。法定的立法程序能够有效防止立法专断，使得立法活动能够充分反映民意。其次有利于立法活动的科学性。有一个科学的立法程序是前提，在这样科学的立法程序的步骤指引之下，立法活动有了正当性和规范性，能够最大限度地保证制定出来的法律的合理性和科学性。最后，立法程序有助于立法效率的提升。按照科学的立法程序的指引，可以让繁多的立法活动都能够从容有序地进行，并且可以保证人力资源的合理配置，节省社会的司法资源，降低立法成本。

二、我国现行的立法程序

我国目前的立法程序已基本法律化和制度化，这里主要介绍一下全国人民代表大会及其常务委员会的立法程序。根据我国《宪法》《全国人民代表大会组织法》《立法法》《全国人民代表大会议事规则》和《全国人民代表大会常务委员会议事规则》等法律的规定，我国立法程序包括提出法律案、审议法律案、表决和通过法律草案、公布法律这四道程序。

（一）提出法律案

提出法律议案是指依法享有立法提案权的机构或人员按照一定的程序向立法机关提出、提请法律制定机关列入议程讨论决定的关于创制、修改、补充或废止某项法律的动议。根据有关法律的规定，享有向全国人民代表大会及其常务委员会提出法律议案权的有：第一，在全国人民代表大会开会期间，一个代表团或者 30 名以上的代表，可以向全国人民代表提出属于全国人民代表大会职权范围内的议案。第二，全国人民代表大会常务委员会组成人员 10 人以上可以向常务委员会提出属于常务委员会职权范围的议案。第三，国务院向全国人民代表大会及其常务委员会提出的法律案。第四，最高司法机关和军事机关向全国人民代表大会及其常务委员会提出议案。

（二）审议法律草案

提出的法律议案被列入会议议程后就进入审议程序，立法机关就开始对会议中的法律案进行审议讨论。根据《立法法》的规定，全国人民代表大会对法律草案的审议一般经过以下五个步骤：①提案人说明，即立法提案者向大会作关于该法律案的说明；②分别审议，即各代表团和有关的专门委员会分别对该法律案进行审议；③统一审议，即由法律委员会汇总各代表团和专门委员会的审议意见，并对法律草案进行统一审议，向大会主席团提出审议结果报告和法律案修改稿；④主席团决定，即大会主席团审议法律委员会提出的审议结果的报告以及该法律案修改稿，并决定提交大会审议；⑤大会审议，即大会全体会议以一定方式、规则对法律案进行审议。任何法案一旦列入大会议程，在提请大会表决前必须经过大会全体会议的审议，这是立法民主性的基本要求。

审议法律案是立法程序中非常重要的内容，是立法机关的代表对于法律提案的看法讨论，旨在让各个法律提案都能经过充分的讨论而认识到法案内容的利弊，以方便之后的表决，是否能够通过而上升为法律的重要环节。这也是民主立法的要求和体现。

（三）表决和通过法律草案

表决法律草案是立法机关对经过审议的法律草案以一定的方式表示最终的态度，即由立法机关的组成人员最后对法律案表示赞成或者不赞成或弃权的态度。这是立法程序中具有决定性意义的步骤。

法律议案只有经过表决，才能决定是否被通过。通过的原则是多数原则，一般分为绝对多数和简单多数。根据我国宪法和法律的规定，宪法修正案须有全国人民代表大会全体代表的三分之二以上多数赞成才能通过，即采取绝对多数原则。法律草案只要有全国人民代表大会全体代表的过半数或全国人民代表大会常务委员会全体组成人员的过半数赞成，即为通过，这是采用简单多数的原则。

（四）公布法律

公布法律是指法律制定机关在法定的专门刊物上，对立法机关通过的法律予以正式公布。我国宪法规定，国家主席根据全国人民代表大会及其常务委员会的决定公布法律。法律公布后，应当及时在制定机关的公报上刊登，并应当在全国范围普遍发行的报纸上刊登。法律公布与法律实施有密切联系。未经公布的法律不能认为已经发生效力，不能予以实施。

第九章　法的实施

第一节　法的实施概述

一、法的实施的概念

法的实施指的是法律在现实生活中被人们贯彻落实，是纸上的法律变成现实生活中的法律的过程，它一般包括三个方面：法的遵守（简称守法）、法的执行（简称执法）、法的适用（简称司法）。

国家立法机关在通过一定程序制定出来法律之后，这时只是文本上的法律，只是在规则上在人们之间分配了权利和义务，是人们应该如何行为，并不是现实中人们在怎样行为。法律的实施就是讲应然状态的行为规则变成实然上的人们在如何行使权利、履行义务、行使职权。法律只有真正应用到人们的生活中之后才能发挥其应有的价值，立法的目的也是想要实际上能够指导人们的生活，规范社会秩序。法律的制定只是第一步，法律的实施才是法律真正作用于日常生活中的过程，是将应然的东西变成实然的东西，将抽象的法律规则变成具体的现实生活状态。如果说法律制定是把客观的社会实际要求转化并上升为国家意志的过程，是一个物质变精神的过程，那么法律实施则是把体现在法律中的思想、意志在实际中转换为人们的行为，把法律规范转化为现实关系的过程，是一个精神变物质的过程。

古往今来都很重视法律的实施问题，从中国战国时代的商鞅“民信其赏，则事功成；信其罚，则奸无端”，到亚里士多德的法治重要含义之一“已成立的法获得普遍的服从”，这些都突出了法律实施的重要性。一个国家要通过法律来建立良好的秩序、立法要达到应有的目的，就必须要求法律的良好实施运行。一个国家法律权威的确立，并不在于制定了数量众多的法律，也不在于设立了种类齐全的执法部门，而在于法律是否真正能在社会生活中得到普遍的尊重和执行。法律的实施，是建立法治国家的关键。

二、影响法的实施的主要因素

一个国家理想法治状态是立法中规定的法律要求在现实中得到一致的遵守和执行，人们的现实行为完全按照法律所规定的行为模式，立法中的法律要求和现实生活中的法律效果完全一致。但是在实际生活中情况是纷繁复杂的，两者要完全一致有很大的困难，现实中存在着各种影响法的实施的因素。

（一）法的制定方面

要使法律能够良好地实施，获得理想中的效果，法律创制本身就是重要的影响因素。从理想状态来说，现代政治国家采取民主立法的方式，集合民意立法，能够最有效地使法律反映民意，反映对社会生活的共同期待。但是现实中有碍于立法人员本身对法律理解的不同、立法人员的素质等主客观因素，立法质量，包括法律规则的现实可操作性、法律规则本身的科学严谨性等都可能影响到法律的实施。

（二）法律意识方面

要使得法律能够真正良好地运行实施，离不开社会成员的普遍遵守和执行。如果公民普遍都具备比较高的法律素养和法律意识，那么就能够使得在具体社会生活中遵照着法律所规定的权力义务进行行为，执法人员也可以更加科学的执法。因此，注重对社会成员法律意识的提高和法律权威意识的树立，对法律的实施显得非常重要。

（三）法律执行方面

落实法律实施效果也与执法机制有关。建立执法新机制的基本要求是：健全机构、分工合理、明确权责、公正程序、规范行为、高效廉洁、足够经费、有效监督。要建立执法主体资格制度，由专门国家机关在其法定职权范围内执行法律，并设立相对集中的执法机构，统一各项执法权。要建设一支清正、廉洁、高素质的执法队伍，严格按照法定权限和法定程序行使权力和履行职责，坚持执法的经常化、常态化，避免"运动式"执法方式。尽量避免依靠社会舆论监督、领导人批示案件来推动执法的现象，加强对执法主体的制约，加强法律监督。

第二节　法的遵守

一、守法的概念

法律的遵守是法律实施的一种重要方式。法律遵守和遵守法律、守法是同一概念，是指国家机关、社会组织和每个公民，依照法律的规定，行使权利、履行义务的活动，即一个国家和社会的各个主体严格依法办事的活动和状态。社会主体的行为与法律的要求保持一致：为法律让其所为的事，不为法律禁止其为的事。法律的遵守是权利和义务的统一。

理解守法的概念要从两个层次上进行：第一，守法不仅仅是主体履行法定义务、不从事法律禁止性、限制性的行为，还包括主体依法行使权利，用法律维护自己的合法权益。这里更重要的是鼓励主体积极行使法律所赋予的权利，从事法律容许和赞赏的行为，以真正实现立法的意图。第二，守法也是指一个国家、整个社会中所有国家机关、社会组织、公职人员及广大公民都处于依法办事的状态。

法律遵守是对全社会主体的普遍要求，是法律实施和实现的一种最基本也是最重要的形式。守法不单纯针对公民和社会组织，也包括国家机关。人们在遵守法律的过程中将法律规定的权利和义务转化为现实，这就是将法律真正地运行于社会现实生活中。同时由于法律的规定能够得到良好的遵守，立法希望达到的应然的社会秩序，就在行使权利、履行义务的过程中得到实现。

二、守法的构成要素

（一）守法主体

守法主体指的是在一个国家和社会中，哪些人和组织应该成为遵守法律的主体。按照法治本身的要求来说，一个国家和社会中的任何主体都应该是守法主体，所有主体都能按照法律规定的行为模式行为、一切都能纳入法律的轨道，才能获得法治所想要达到的社会秩序。但是从历史发展的角度来看，古代的“刑不上大夫”，只有平民百姓才需要守法，贵族和皇帝却不受法律的限制和制裁。在近代资产阶级革命，提倡法律面前人人平等之后，才使得法律开始真正地实现权利和义务的统一。现代社会崇尚民主和平等的精神，法律面前人人平等已经成为公认的宪法原则。

我国现行宪法规定：“一切国家机关和武装力量，各政党和社会团体，各企事业组织都必须遵守宪法和法律。一切违反宪法和法律的行为，必须予以追究”“任何组织和个人都不得有超越宪法和法律的特权”“中华人民共和国公民必须遵守宪法和法律”。这些都表明在我国不存在不受法律约束的社会主体，一切的社会主体都应该在法律规制的轨道上运行。

具体来说：①一切国家组织和武装力量，包括国家权力机关、行政机关、司法机关、军事机关和武装力量。行使国家权力、执行国家职能的这些国家机关，在守法上负有重要的义务。现代法律的重要职能之一就是限制公权力的行使，国家机关及其工作人员自觉维护法律的尊严带头守法，能够提高法律的权威性，也是实现法治的重要方面。②非国家组织，包括各政党、各社会团体、企事业单位。执政党的守法对于法律实施具有重要的意义。中国共产党是我国的执政党，在国家生活中处于领导地位，党的组织和工作人员，特别是处于领导岗位的领导人必须模范地遵守法律，为其他社会组织和公民的守法树立榜样，带动各社会组织和公民严格守法。③公民，这里的公民指个体意义上的，上至国家主席，下至普通人民。全体公民在法律上都是具有平等地位的，守法是全体公民的权利，也是义务。

（二）守法范围

守法范围指的是守法主体应该遵守的哪些法律文件。不同国家类型的法律渊源不同，守法范围也不相同。在古代皇帝的敕令、贵族的命令也是守法范围之内。在政教合一的国家，宗教教义、教规也是守法的范围。在当代中国法律遵守主要是遵守规范性的法律文件，首先包括宪法、法律、行政法规、军事法规、地方性法规、自治法规、经济特区法规、特别行政区法规以及我国参加或同外国缔结的国际条约、协定和承认的国际惯例。特别也包括司法机关、执法机关制作的非规范性法律文件，如法院的判决书、调解书等，是特别的国家机关在适用法律的过程中对个别人或个别事项制作的，虽然并不具有普遍的约束力，也不属于法律，但对当事人来说，是具有法律效力的，也是守法的范围，是应该遵守执行的。

（三）守法内容

守法的内容指在守法过程中，守法主体必须正确行使法定权利、履行法定义务。立法规定了人们的权利和义务，成为人们行为准则，并通过这些准则去约束、指导、调整人们的行为和社会活动，并以国家强制力保证其得到遵守和执行，以建立和维护正常的社会关系和社会秩序。如果社会主体都能按照法律的规定去行为，行使法律赋予的权利、履行法律要求承担的义务，法律也就切实地得到了遵守。

第三节 法律执行

一、执法的概念

法的执行，简称执法，有广义和狭义两种理解。广义的执法建立在法律制定和执行的基础上，仅与立法相对应，指的是国家行政机关、司法机关和法律授权或委托的其他机关及其公职人员，依照法定的职权和程序，贯彻实施法的活动，既包括行政机关执行法律的活动，也包括司法机关适用法律的活动。狭义的执法则是建立在近代国家三权分立的基础之上，仅指国家行政机关和法律委托的组织及其公职人员依照法定职权和程序行使管理权，贯彻实施国家权力机关所制定的法律的活动。本章的执法仅指行政机关执法，不包括法的适用。

近代以来的执法是近代资产阶级革命所确立的三权分立，立法、行政、司法分立制约。在现代社会中，行政管理是与社会生活关系得最为密切的，是法律实施中最普遍、最常见的方面。在市场经济条件下，政府的行政行为在本质上都属于法律行为，大多都与执法活动有关。但是目前政府的执法要从单向的“权力性行为”向“权力—义务性行为”转变；从执法权“直接命令性”向“间接调控性”转变，政府要更加重视社会服务的职能。行政机关作为社会公共权威代表，通过行使执法权协调不同阶层、不同集团的利益冲突，推进公共福利的实现。但是执法本身的特征，很容易侵害到当事人的合法权益，因此严格约束执法行为，让执法活动在法律的轨道上行使，具有重要意义。

二、执法的特征

（一）主体特定性

执法主体具有特定性和国家代表性，因为执法权是国家权力之一，只能赋予特定的主体。执法的主体必须是行政机关及其公职人员或经行政机关授权、委托组织的人员，其他任何国家机关、社会组织和个人没有经过法律、法规授权都不得行使执法权。

（二）主动性和单方意志性

与司法活动的消极性不同，执法一般都是积极主动的状态，这是由执法的性质决定的。执法活动往往是国家机关主动去管理社会事务，这是执法人员的职责所在，必须依职权主动行使。在很多时候，执法需要的是执法机关主动行使职权管理社会事务，提高效率解决社会纠纷，行政机关可以不需要相对人请求或不经过相对人统一，主动单方面采取执法行为。相对人如果不服，可依法请求复议、提起诉讼、进行申诉等，但这并不影响执法行为的性质。相反，不主动执法由此给国家社会和公民造成的损失，会构成失职行为，必须承担相应的法律责任。这也就是执法既是权力也是义务。

也这是由于这种特性，行政机关在行政法律关系中既是一方当事人，又是执法者，享有行政执法权，这样的结构决定了行政法律关系不是平权型法律关系，而是隶属型法律关系，法律关系主体双方地位不平等。

（三）极大的自由裁量权

由于行政机关管理的社会事务有非常大的变化性，为了适应社会关系的复杂性和社会发展的不平衡性，赋予了执法活动较大的灵活性，这种灵活的执法就是较大的自由裁量权。但是要注意的是这种极大的自由裁量权并不是赋予行政执法机关完全的行为自由，而是在法律规定的权力范围之内，根据具体的社会事务的情况，加以灵活的判断，采取灵活的手段管理。与此同时，这种自由裁量权，是为了能够快捷高效地执法，但是也更可能会被滥用，侵害公民、法人的合法权益。因此要把握好自由裁量权的度。

（四）执法范围的广泛性

执法是行政机关对于社会生活的各个方面以国家的名义进行组织和管理，它涉及的社会生活领域十分广泛，内容纷繁复杂，其活动也直接关系到人们的切身利益。随着当今科技社会的不断发展，需要政府服务的领域变得越来越多，在广泛的社会领域内都需要对行政执法的活动加以规范。

三、执法的主体

执法的主体是指具备法律所赋予的执法资格，能独立实施执法权利，承担执法责任的行政机关。执法是行政机关的重要职能，但并非所有的行政机关和行政部门都是执法主体，只有法律明确授予了执法资格，能够从事执法活动的行政机关和组织，才能作为执法主体。

根据我国宪法和有关行政组织法的规定，从行政机关的地位、职能和权限范围来分析，执法主体可以分为三类：第一，国务院及职能部门。国务院是最高行政机关，享有管理全国行政事务的职权，是我国执法体系中最重要的执法主体。第二，地方各级人民政府及职能部门。地方各级人民政府及职能部门是地方各级权力机关的执行机关。第三，行政机关依法授权或委托的组织。行政机关以外的组织，经法律授权或委托也可以成为执法主体，在法定授权或委托范围内行使执法权。社会组织本身并不享有执法主体的资格，只有在行使法律所授权或委托的执法权时才享有权力和行政法律责任。行政机关的授权或委托必须在法定职权范围内依照法定程序进行，不得随意变更授权的主体、扩大授权或委托的范围。只有依法成立的具有管理社会公共事务的组织经行政机关授权或委托才可以成为执法主体，其执法行为不得超越法律规定的权限。比如仲裁委员会、中国足协等。

四、执法的功能

（一）实施法律

光是制定了法律是没有意义的，法律的贯彻实施更为重要。在法律的实施中，执法具有重要作用。在实际生活中，从数量上看，占到80%以上的法律是由国家行政机关直接贯彻执行的。

（二）实现政府管理职能

行政执法行为是行政执法主体履行职责的行为，因为执法主体本身大多都是政府，其也是实现政府管理职能的行为。执法主体的执法行为，很多也是在管理社会事务，这就实现了政府的管理职能。

（三）保障公民权利

近现代的法治理念都是以国家是以权利为本位配置的，一切公权力的行使都应该是以保障公民的权利为目标，即使在限制权利的时候，也是为了他人或者社会整体权利的实现。虽然维护社会公共利益是行政执法的一个重要目的，与此同时也要求行政执法的时候注意保障公民的个体合法权益，实现公共利益和公民合法权益的平衡。行政执法的理念在20世纪以前被认为是为了实现超越私人利益的国家公共利益而进行的统治和管理，这时候的行政执法更加强调统治和公共利益，对于公民个人的权利的保护很薄弱。在20世纪以后受到人文精神更深的影响，行政执法不再纯粹地以追求国家公共利益为目的，而是根据国家的信赖和委托，为每个公民提供公共服务的过程和活动。

五、执法的基本原则

（一）合法性原则

依法行政原则，又称合法性原则，是指行政机关实施行政管理，要严格按照法定权限和程序行使权力、履行职责；未经法律许可，行政机关不得做出影响公民、法人和其他组织合法权益或者增加公民、法人和其他组织义务的决定。这一原则是法治国家对行政的第一要求，是防止行政权滥用的最重要的防线。

合法性原则一般包括以下的内容：①执法主体的设立和执法职权的存在要合法。执法主体的资格必须是法律赋予或者根据法律的规定由有权力的机关授予或委托的，这种职权只能是在法律允许的范围内，遵循“法无明文许可则禁止”，法律有明确授予的职权才能行使。②行政执法行为要合法。一般来说行政执法行为要合法，需要执法主体按照法律的规定、符合法定权限、依据法律规定的程序进行。

（二）合理性原则

合理性原则是针对合法性原则所做的补充，是指执法主体的执法行为应当客观、适度，在法律规定的范围内体现公平、正义的要求。执法行为仅仅在法律规定的范围内行使有时候也会造成行为的不妥当，由于执法行为往往具有很大的灵活性，法律会规定一个有比较大的自由裁量权的范围，让执法行为可以按照具体实际情况做出合理的处理。仅仅僵化地依照法律的规定“一刀切”的行为方式，并不注重执法的现实效果。但是这个较大的自由裁量权执法的时候应该如何取舍，这时候就需要结合合理性原则，执法主体在行使自由裁量权进行执法活动的时候，就应该遵循公平、公正的原则，平等地对待行政相对人，客观地行为。这样才能使执法行为真正地能够符合法律的宗旨和精神。

（三）正当程序原则

正当程序原则是要求执法主体的执法活动必须要符合法定的程序，这是法律对执法行为的有效控制，能够切实地防止权力滥用，同时符合法定的程序本身也使得执法行为获得了正当性。执法的程序正当的标准是行政程序公开；行政主体严格按照法定程序行使权力、履行职责；保护相对人的听证权、辩论权、回避权等程序性权利。

正当程序原则与合法性原则有一定的交叉重叠关系，但与合法性原则不同的是，正当程序原则除了要求在有法律规定时严格执行行政程序法的规定外，在某些情况下，即使没有程序立法规定，行政机关也应当在该原则的指导下制定执法的程序规范；如果行政机关自身也缺乏相应规定，在考察行政相对人对行政行为的异议时，可以以该原则作为执法行为程序和结果正当与否的判断标准。

（四）效率原则

效率原则主要包括两个方面：①该原则要求行政机关进行执法时，对不同社会主体之间的利益、个人利益与公共利益进行权衡和取舍时，要考虑社会的总成本与总投入之间的关系，要尽可能地以最小的社会成本获得最大的社会经济效益。②行政机关进行执法活动时，也要考虑自身的执法成本与执法效益的比值问题，以最小的成本获得最大的收益。行政执法的效率原则要求是由行政活动本身的性质决定的。

执法效率原则要求执法主体从保护公民权利和国家利益出发对行政相对人的各项要求及时做出反应，克服部门保护主义；行政机关实施行政管理，应当遵守法定时限，积极履行法定职责，提高办事效率；行政机关要精简机构，降低管理成本，提高政府办事效率；积极探索对政府立法项目尤其是经济立法项目的成本效益分析制度，政府立法不仅要考虑立法过程成本，还要研究其实施后的执法成本和社会成本；行政机关制定的制度要公开透明，行政机关的信息资源应当尽量共享，这是提高行政效率的基础。

（五）诚实守信原则

诚实守信原则是指行政机关进行执法活动时要讲诚实、守信用，要求除设计国家秘密和依法受到保护的商业秘密、个人隐私的事项外，行政机关应当公开政府信息；公开的信息应当是准确、全面、真实的；行政机关发布的政策和做出的决定要保持相对稳定，不能朝令夕改，确需改变的应该尽可能地给相对人提供合理的预期，由此造成相对人受损害的，行政机关要依法给予补偿，非因法定事由并经法定程序，行政机关不得撤销、变更已经生效的行政决定。诚实守信原则能够更好确立执法机关执法活动的权威性，避免朝令夕改，给相对人提供合理的预期，使相对人的活动可以更好地调控风险。

（六）责任原则

责任原则是指执法主体必须对自己的执法行为承担责任。由于在执法活动中权力的行使本身很可能给相对人造成损害，那么在损害发生的时候应该让执法主体能自己承担责任以给予相对人救济。

行政责任发生一般有三种情形：①违法法律的行政行为；②行政不当损害相对人的利益；③行政行为实施上造成相对人权益的损害。对于这三种情形执法主体都应该承担相应的法律责任。前两种情况下产生的责任是行政损害赔偿责任，最后一种情形下产生的是行政的损失补偿责任。

第四节　法律适用

一、法律适用释义

（一）法律适用的概念

法律适用，在广义上是指行政机关和司法机关实施法律的活动，但通常取狭义上的意义来适用，指国家司法机关依据法定职权和法定程序，具体运用法律处理案件的专门性活动。在这个狭义的意义上，因为是国家司法权的行使，所以也称为司法。

（二）法律适用的特征

司法一般有以下几个典型特征：

1. 主体的特定性

司法作为国家司法权的运行，国家的重要职能之一，必须要有特定的机关才能进行。按照三权分立的学说，司法权是由司法机关来行使，司法机关特指法院，法院是适用法律的主体。而在我国法律体制的划分里，司法权包括审判权和检察权，司法机关包括法院和检察院，因此我国法律适用的主体是检察院和法院。除了司法机关能够行使司法权以外，其他国家机关、社会组织、个人都不得行使司法权。

2. 程序法定性

司法权是国家权力的一种，约束国家权力，让国家职权能够在法律轨道上运行，国家权力的行使都需要严格遵守法律的规定。但是相比于自由裁量权更大的执法活动，司法权的程序性体现得更加显著，表现在有严格的诉讼法来规定司法的程序，整个诉讼司法过程都必须严格遵守法定程序。司法主要是一种国家权力对当事人之间的纠纷诉讼进行中立裁判的活动，要使得裁判结果具有正当性，不光是要在实体上符合正义，程序上的公正也是裁判结果正当的一种表现。

3. 专业性

司法机关在行使司法权的时候，必须具备专门的理念、知识和技能，运用独特的预言、逻辑推理和职业技巧。面对现代社会的高速发展，日益复杂的纠纷情况，适用法律的活动成为必须要具备相应的素质、知识技能才能从事的，并不是任何人都可以胜任的。所以要求司法机关的公职人员必须具备丰富的专门知识，受过严格的训练，具有很强的专业性。

4. 国家强制性

司法是司法机关以国家强制力为后盾适用法律的活动，针对当事人之间的权力义务纠纷，司法机关所作出的裁判具有国家强制性，能够保证其结果的实施才能真正达到定纷止争、解决冲突的目的。对于公民权利受到侵害向司法寻求救济的时候，也只有国家强制力的保障下，才能真正实现救济权利的功能。

5. 司法结果有法定文书

司法机关在运用法律解决某一具体案件的时候，必须有表明法律适用结果的非规范性法律文件，如判决书、裁定书。司法文书对当事人有法律约束力，当事人必须执行。如果对司法文书的内容有异议还可以根据程序上诉或申诉。

（三）司法权

司法权是国家权利的重要组成部分，是指国家特定的专门机关依法所享有的将法律适用于具体案件并对案件作出裁判的权力。

司法权在近代古典宪政理论中有重要的地位，司法权作为三权之一，平衡和制约立法权、行政权，法律适用的过程也是社会正义能够得以实现的重要途径。司法实质上是通过判断进行社会矫正、社会救济性质的权力。

正是因为其社会矫正、社会救济的性质，与立法权和行政权的主动性不同，司法权具有强烈的消极性、中立性和独立性。“不告不理”是其基本原则，司法权是不能够随意主动地介入当事人之间权利和义务关系之中的，只有向司法权寻求救济时，司法权才能启动。也正是因为发挥着裁判的功能，司法权需要中立性，只有严格遵循中立的原则才能做到裁判的公正，裁判的结果才可能是公正的。也正是为了保证裁判结果的公正性，司法权要独立行使，不能够受到其他国家机关、社会组织、个人的不当干扰。

司法权也具有终局性，这是指相比于立法权和行政权，只有司法权所做的判断才是具有最终意义的，即对一个冲突或纠纷，立法权、行政权所做的判断都可能是待定的。要是司法权对其做出了判断，该判断的效力才是既定的、终局的。例如司法审查制就是对立法决策效力的再审查，行政诉讼是对行政判断的再审查。另一方面终局性也表现在司法的“一事不再理”上，一旦司法做出了最终的裁判，一般就不能再对这一争端纳入司法的审查范围了，对这一争端的处理结果具有终局的意义。

二、法律适用的基本原则

（一）司法公正原则

法律的正义价值在司法中最直接的体现就是司法公正。司法作为社会矫正和社会救济的手段，司法公正是司法的终极目标和最高理想。一般来说司法公正包括实体公正和程序公正，不仅要在处理的实体结果上达到公正，司法的程序同样要公正。程序具有独立于实体的价值，程序的公正也是司法结果具有正当性的表现之一。

一般来说司法公正应该具有以下的内容：与案件有关的人不能成为裁判者；裁判的结果应该与裁判者的利益无关；裁判者不应存在偏见，要公平地关注双方当事人的诉讼请求，听取双方当事人的论据和证据；裁判者应在一方当事人在场的情况下听取另一方当事人的意见，双方当事人应有公平的机会反驳另一方提出的论据和证据；裁判的依据应根据法律或符合法律的理性推理。

（二）以事实为依据，以法律为准绳原则

"以事实为依据"是指适用法律要做到实事求是、一切从实际出发。法律适用必须以现实的客观情况为依据，不能靠主观想象。因此对于证据的调查研究都要谨慎，一切的判断都是建立在客观事实的基础之上的。

"以法律为准绳"指司法机关对于具体案件的裁判，必须要严格按照法律的规定，在程序上要严格遵守法律的规定进行诉讼程序，在实体上要按照法律对于权利和义务责任等的明确规定加以裁判，司法者不能够因为其认为是恶法而拒绝适用，一切的判断都要有法律上的依据。

（三）司法机关独立行使职权原则

根据我国宪法的规定，人民法院、人民检察院依照法律规定独立行使国家的审判权和检察权，不受行政机关、社会团体和个人的干涉。这是指，首先司法权只能由国家司法机关统一行使，其他任何机关组织机构个人都无权行使此项权力；其次司法机关依法独立行使职权，不受其他行政机关、团体和个人的干涉；最后司法机关处理案件，必须依照法律规定，准确适用法律。

这项原则是司法权的行使能够真正保持中立、司法结果能够真正公正的重要条件，司法权要制衡立法权和行政权，司法要能够救济权利、维护社会公平，只有能够不受不法干涉的正当行使才有可能。

但是司法机关独立行使职权只具有相对意义，并不是绝对的。司法机关同样要受到国家权力机关及上级司法机关的监督。

（四）司法平等原则

司法平等原则是宪法上的"法律面前人人平等原则"在司法适用上的体现，司法平等是司法能公正的前提。

在我国，司法平等原则主要含义是：①司法机关依法行使司法权，法律统一适用于全体公民，而不以公民在民族、种族、性别、职业、社会出生、宗教信仰、财产状况等方面的差异而有任何不同。②司法的目标是实现公民依法享有的同等权利和承担同等的义务。对任何公民的合法权益，包括被依法剥夺了政治权利的公民的其他合法权益，都应该依法加以保护。对一切公民的违法犯罪行为，不管他们的社会地位、家庭出身、政治面貌、才能、业绩如何，都应秉公处理，一视同仁。③在司法过程中，

公民的诉讼权利评定。在程序意义上，不允许有不受程序法约束的特殊公民，不允许任何人有超越程序法之上的特权。

需要注意的是，司法平等并不排除在法的规定范围内差别对待。法律本身也赋予了司法权一定的自由裁量权，可以根据实际情况做出具体的处理，而不是“一刀切”地追求平等。另外，司法平等是指使用法律的平等，并不指立法上的平等。司法平等是所有人在适用法律的时候平等地适用。

（五）司法责任原则

司法责任原则是指司法机关及其公职人员在行使司法权的过程中侵害了公民、法人或其他社会组织的合法权益，造成一定后果就要承担责任。

根据国家权力和责任相一致的原则，为了制约权力，不允许权力被滥用，要求权力的行使如果侵犯了社会、公民的合法权益，都应该承担相应的责任。这是为了更好地约束权力，增强司法机关和公职人员的责任感，谨慎地行使权力，防止司法过程中的违法行为。而在司法过程中出现的侵害合法权益造成一定的后果，也有了相应的救济办法，公民的权利能够更好地得到保障。诸如冤罪损害赔偿制度，这些都是这一原则的体现。

三、执法与司法的区别

（一）主体不同

司法是由司法机关及其公职人员适用法律的活动，在我国司法主体只能是法院和检察院，其他任何主体都不能进行司法活动。执法一般是行政机关及其工作人员执行法律的活动，执法的主体和司法主体是不同的。

（二）两者的对象不同

司法的本质是一种判断，是对刑事、民事或行政案件及各类司法裁判的纠纷进行审查或检察监督，作出裁判。而执法是一种管理，行政机关以国家的名义对社会进行组织、协调、管制和服务，行政管理的事务涉及社会生活各个方面，执法的对象远比司法广泛。

（三）两者的程序性要求不同

司法活动要遵循严格的程序法规定，如果违反将导致司法裁判的不合法，结果往往是无效的，从而要承担一定的法律责任。而大部分执法活动虽然也有相应的程序性规定，但为了提高执法的效力，执法程序设计没有司法程序那样严格和复杂。

（四）两者的地位不同

司法活动具有被动性，审判活动要贯彻“不告不理”原则，案件的发生、纠纷的产生和当事人的请求是引起审判活动的前提，裁判时要贯彻中立性原则，做到不偏不倚、中立客观。而执法活动具有较强的经常性和主动性，行政机关应积极地依法实施行政管理的职能，在处理社会矛盾或纠纷时也具有一定的倾向性，这是行政机关履行社会事务职能的性质所决定的。

第十章　法的监督

第一节　法律监督概述

一、法律监督释义

没有监督，法律的制定和实施都是没有任何保障的状态，只有立法、行政、司法并不能使法律能有效地运行和贯彻，必须要有法律监督，才能真正地保证这些权力都能正确地行使，法律能够真正地达到法治要求的目的。

法律监督有广义和狭义之分。广义的法律监督，指一切国家机关、社会组织和公民对各种活动进行评价和督导，其主体和客体涵盖了一切的社会主体。狭义的法律监督专指有关国家机关依照法定职权和法定程序，对立法、执法和司法活动的合法性进行监察和督促。

法律监督是民主政治的必然要求，权力存在着异化的可能性，只有有效的法律监督，才能保证权力的运行是符合人民民意的。法律监督也是防止权力腐化的有效手段，权力只有被有效监督的时候，才算是被“关在了笼子里”，否则随时都可能有滥用权力的危险。同时法律监督也是真正能够落实法律的行为，法律的制定到实施，是否符合民意，是否达到法治的要求，都只有通过法律监督才能得知，也只有有效的法律监督，才能使法律真正地按照法治要求运行。

二、法律监督的构成要件

法律监督的构成要素包括主体、客体、内容和方式。

法律监督的主体就是法律监督行为的实施者，即依法享有法律监督权的国家机关、组织和个人。

法律监督的客体是法律监督对象的行为，也是法律监督主体行使职权的范围。在当代中国，法律监督的客体主要包括进行各种法律活动的所有国家机关和武装力量、各政党和社会团体、各企事业单位、全体公民。也就是所有人的行为都必须受到法律的监督。尤其是对国家机关及其工作人员的公务活动的监督，这是法治的重要内容，是对公权力的监督。

法律监督的内容非常广泛，应当与法律的覆盖面相适应，内容包括法律的制定、遵守、执行和适用，贯穿于法律制定实施的全过程，所有与法律制定实施有关的内容都应该是法律监督的内容。其中对于国家机关及其工作人员的职务行为的监督是法律监督的主要内容。

法律监督的方式，就是法律监督的方法、程序等。

以上四个要素加以概括，就是谁监督，监督谁，监督什么和怎样监督。

三、法律监督的制度模式

法律监督的制度模式可以分为国家监督和社会监督。

社会监督是一种非国家性质的监督，指国家机关以外的各种社会力量对国家机关所实施的监督。其特点在于监督的主体是社会，监督的内容是国家机关及其工作人员的法律活动，监督的方式灵活多样，监督主体的行为指代表本组织或个人而不代表国家。

国家监督又称为法定监督，是由国家机关或国家机关授权的团体组织实施的具有特定的监督对象、内容和范围，使用法定的监督方式并产生必然的监督后果的法律监督形式，包括立法监督、检察监督、审判监督和行政监督。国家监督是依靠强制力而进行的监督，监督的主体和对象都是国家机关，监督的方式是法定的，必须依照法定程序进行监督。

第二节　国家法律监督

法律的国家监督是一种法定的监督，是国家机关以国家的名义进行的，由国家强力保证实施的、具有法律效力的监督。国家监督在整个法律监督体系中占有特殊的地位，监督的主体是国家机关，一般指国家权力机关、行政机关、司法机关，监督的方式、权限、范围、程序、效力等都是由法律做出明确的规定。这种监督构成我国法律监督体系的核心。

一、国家权力机关的监督

权力机关的法律监督，是各级权力机关对法律的制定和实施的合法性进行的监督，包括监督立法活动和监督执法、司法活动。在我国，就是指国家权力机关——全国人民代表大会及其常务委员会和地方各级人民代表大会及其常务委员会不仅享有立法权，也享有法律监督权，其监督权针对行政机关、司法机关等所有的国家机关。

根据宪法和法律的规定，我国的国家权力机关的监督主要有两种：

（一）对立法活动的监督

对立法活动的监督是指国家权力机关对制定规范性法律文件的权力行使进行的监督，其目的是保证国家法制的统一。主要有：①全国人民代表大会有权改变或撤销全国人民代表大会常务委员会不适当的决定。县级以上地方各级人大有权改变或撤销本级人大常委会不适当的决定。②对国务院制定的行政法规、决定和命令的监督，全国人民代表大会常务委员会有权撤销国务院制定的同宪法、法律相抵触的行政法规。县级以上地方各级人大常委会有权撤销本级人民政府不适当的决定和命令，撤销下一级人大不适当的决定。③对省、直辖市的人民代表大会制定的地方性法规和民族自治地方的人民代表大会制定的自治条例和单行条例的监督。全国人民代表大会常务委员会有权撤销省、自治区、直辖市权力机关制定的同宪法、法律和行政法规相抵触的地方性法规和决议。④对同外国缔结的条约和协定进行监督。我国同他国缔结的关于政治、经济、文化、军事、法律等方面的条约和协定，也是我国法律渊源之一，全国人民代表大会常务委员会有权批准或废除我国同外国缔结的条约和协定，也是权力机关法律监督的一种。⑤对授权立法的监督。包括对授权国务院制定的暂行规定和条例的监督和对授权制定的经济特区的各项单行经济法规的监督。

监督这些规范性法律文件不得同宪法、法律等相抵触，保证法制的统一，并且立法的权限和过程也必须符合法律的规定。

（二）对实施法律活动的监督

对实施法律的活动的监督就是对于行政和司法的监督，目的在于督促行政和司法机关正确、有效地执行宪法和法律，其对象是行政机关的执法活动和司法机关的适用法律的活动。根据宪法和法律的规定，各级的行政、司法机关对产生它的同级权力机关负责并受其监督。权力机关监督的方式有：听取工作报告和汇报，提出询问和质询，视察和调查，提出批评、建议和受理申诉检举，罢免有关人员的职务等。

应该注意的是，权力机关对于司法机关的监督，应当考虑司法的终局性、中立性和独立性，注重司法活动的专业性，不能将监督变为对司法的干预。

二、国家行政机关的监督

行政机关的法律监督，是行政系统内部上级机关对下级机关、专门监督机关对其他机关及其工作人员行政行为合法性的监督。它包括有关机关制定规范性法律文件合宪性的监督，以及行政管理行为合法性、合理性的监督。它根据不同监督主体，分为领导监督和专门监督。

领导监督就是上级政府对下级政府，各级政府对其工作部门和工作人员的监督，是行政系统内部上级对下级公务行为的监督。这种监督一般是通过行政复议的方式。专门监督又叫行政监察，是通过专门的行政监察机构，运用国家权力，实行自上而下、事后的、被动的监督检查。行政监察部门通过行使专门的行政监察权保证其他的行政机关的依法行政，这种行政检察权主要包括检查权、调查权、建议权和一定的行政处分或行政处罚权。行政监察部门本身就是行政机构中的一个职能部门。我国宪法规定监察部作为国务院的专门检查机构，对中央和地方各级行政机构的行政活动及官员个人是否守法进行监督，地方各级监察部门也有相应的职能。

三、国家检察机关的监督

我国宪法和法律明文规定：人民检察院是国家法律监督机关，其主要职能是法律监督。它通过行使检察权，对适用法律的行为进行监督。检察机关对法律适用活动的监督是最广泛的监督形式。

目前我国监察机关的监督主要包括：①对侦查机关及其活动的监督。检察机关对公安机关和国家安全部门的活动是否合法进行监督。比如对公安机关立案活动的监督，对直接受理的刑事案件的监督，对公安机关、国家安全机关侦查的案件进行审查并决定是否逮捕、起诉。②对审判机关的监督。表现为检察机关认为法院的裁判有错误时，可以向上级人民法院抗诉，而上级人民检察院对下级人民法院已经发生法律效力的判决，如果发现错误的，有权按照审判监督程序提出抗诉。③对刑罚执行机关及司法行政活动进行监督。表现为对监狱、看守所的监督，如果发现违法行为，通知主管机关即司法行政机关予以纠正。④对其他行政活动的监督。只要在检察权的范围之内，检察机关都可以通过行使检察权对任何国家机关的职责活动是否合法进行审查监督。比如对贪污罪、渎职罪等可以立案侦查、决定起诉等。⑤对自身的监督。检察机关对自身执法活动的监督表现为宪法规定的上级检察机关对下级检察机关的指挥监督，纠正下级检察机关的违法行为。

四、国家审判机关的监督

审判机关的法律监督是审判机关对适用法律的过程进行监督。

1. 审判机关对自身审判活动的监督

两审终审制、死刑复核制度都是审判机关的内部监督。上级法院对上诉的裁判是一种内部监督。最高法院对地方各级法院和专门法院已经发生法律效力的判决和裁定、上级法院对下级法院已经发生法律效力的判决和裁定，如果发现确有错误，有权替审或指令下级法院再审。死刑案件除由最高法院直接判决的以外，均报送最高法院核准。

2. 审判机关对行政机关的监督

审判机关对行政活动的监督主要体现在行政诉讼上，通过行政诉讼的审判活动，对行政机关的法律适用过程进行监督。

3. 审判机关对检察机关的监督

法院对公诉案件进行庭前调查，对“主要事实不清，证据不足”的案件，建议检察机关补充侦查，等等。

第三节　社会法律监督

法律的社会监督是运用各种社会力量对法律的制定和实施进行监督，其监督主体和客体都具有最大的广泛性，是社会组织、团体、个人对执法、司法和守法行为进行最广泛的监督。主要包括政党监督、政协监督、社团监督、舆论监督、公民监督等方式。虽然不具有直接的法律约束力，但是社会法律监督是国家法律监督的基础。

一、政党监督

政党监督包括执政党的监督和参政党的监督。

中国共产党在我国处于领导地位，对国家各个方面都起着监督的作用。一方面体现在对国家机关的领导来实现监督。党通过领导人民制定宪法和法律，把党的路线、方针、政策上升为国家意志；通过各级组织（包括各级纪律检查委员会）对行政机关和司法机关进行领导和监督。另一方面通过对党员的监督，督促广大党员、干部遵守法律，对违法失职、渎职分子进行处分处理。

各民主党派是参政党，在中国共产党的领导下参与国家的路线、方针政策的制定和宪法、法律的制定和实施，其进行监督的方式主要是对立法、行政、司法提出意见和建议。

二、公民监督

公民监督这里指公民的直接监督，公民可以通过行使民主权利，表达自己的意愿，督促国家机关依法办事。在现代法治国家，奉行人民主权的宪政法治原则，每一个公民都是政治权利的主体和国家的主人，都有资格成为监督的主体。公民通过对国家机关和工作人员的工作提出批评建议，对违法失职的国家机关和工作人员的间接揭发来行使民主监督的权利。公民监督并没有强制力，需要通过法定渠道到达国家机关的法律监督中去，才可能产生法律效果。国家机关和社会组织设立的人民来访接待站、信访组等都是公民行使监督权的途径。

三、社会舆论监督

社会舆论监督是新闻媒体利用广播、电视、网络、报纸杂志等大众传媒，对国家立法和实施法律的活动进行监督。舆论监督虽然没有法律强制力，但是由于它传播速度快、影响大、范围广，对被监督者形成强大的压力，也被称为第四种权力，对于违法乱纪行为的监督起着重要的作用。

舆论监督的主要方式是：对国家机关及其工作人员的违法失职行为和不当行为曝光、评论和批评，促使其及时纠正；通过民意调查了解公民对现行法律及其实施的评价；以内部报告的形式直接向有关机关反映民意。

四、社会团体监督

社会组织包括各政治团体、社会团体、企事业单位、群众组织等，其监督不具有法律上的强制效力，但是也是社会法律监督体系中的重要力量。

社会团体行使监督的主要方式是批评、建议、申诉、控告、检举和协商对话，比如参与制定一些法律、提出意见等。

习题及答案

第一章　法的概念

一、关键词解释

1. 法
2. 法律本质

二、选择题

1. 在阶级对立的社会中，法律的本质是（　　）
   A. 统治阶级赖以存在的物质基础　　B. 物质生活条件以外的其他因素
   C. 统治阶级意志的体现　　D. 法的强制性
2. 法律命令说是谁最先提出来的（　　）
   A. 奥斯丁　　B. 卢梭
   C. 洛克　　D. 菲利

三、简答题

1. 阐述法的本质的相关学说
2. 法的本质的三个层次

答案：

一、1. 答：法又称法律。广义的法律是从抽象意义上而言的，指法的整体，包括国家制定的宪法、法律、行政法规等规范性文件和国家认可的判例、习惯等。狭义的法律专指由拥有立法权的国家机关依照立法程序制定的规范性法律文件。

2. 答：法的本质是指法的内部联系，是法区别于其他一切事物的根本属性。

二、1. C　2. A

三、1. 答：具有代表性的学说有：“法律命令说”“人民公意说”。

法律命令说是由分析法学派提出来的，认为法律是主权者的命令。英国法学家约翰·奥斯丁认为，法律的本质是主权者的命令。其为了界定法学的研究范围，认为只有实际存在的由人制定的法才是准确意义上的法，将道德从法律中剥离出去，让法学成为一门独立的学科，因此提出法律命令说，认为法律是政治上处于优势地位的人对劣势者的命令。

人民公意说是由古典自然法学派法学家卢梭提出来的。卢梭认为法律是公意的行为，公意是经过理性抽象而来的，不同个别人的意志，是每个人意志的提炼，是理性的产物。这是由卢梭的人民主权、社会契约论而来的，因为国家是每个个人让渡个人的部分权利换来国家的成立，因此法律也应该是公意的产物，应该是每个人意志的集合。

2. 答：马克思主义法理学分析了法与社会物质生活条件之间的关系，揭示了法与统治阶级意志之间的内在联系，强调法是统治阶级意志的产物，科学地揭示了法的本质。

（1）法律是国家意志的一种表现形式。

（2）法律体现为掌握国家政权的社会集团的意志，同时也保障社会公益。

（3）法律所体现的意志归根结底根源于社会物质生活条件。

第二章　法的渊源与法律分类

一、关键词解释

1. 法律渊源
2. 不成为法和成文法
3. 实体法和程序法

二、选择题

1. 下列关于成文法和不成文法的表述，哪些不正确？（　　）
   A. 不成文法大多为习惯法
   B. 判例法尽管以文字表述，但不能视为成文法
   C. 不成文法从来就不构成国家的正式法源
   D. 中国是实行成文法的国家，没有不成文法
2. 以下关于法律渊源的判断正确的有（　　）
   A. 无论在什么国家，制定法都是唯一的法的渊源
   B. 法律渊源的概念有利于人们辨认什么是法，什么不是法
   C. 习惯、法理、学说等都是法律的次要渊源
   D. 经济基础是法律渊源之一

三、简答题

1. 简述法律的分类

四、论述题

1. 我国的法律渊源

答案：

一、1. 答：法的渊源又叫法源，其含义要区分广义和狭义，也要区分实质意义上的法源和形式意义上的法源。实质意义上的渊源是指法的来源，是影响法律的政治、经济、文化、历史等。形式意义上的渊源是指法的效力来源，包括法的创制方式和外部表现形式。

2. 答：成文法是经有立法权的国家机关制定或认可，并以法律条文作为表现形式的法律的总称。不成文法指不具有法律条文形式，但国家认可其具有法律效力的法。

3. 答：实体法和程序法是根据法律的内容和功能的不同做出的划分。实体法是规定法律关系主体之间的权利与义务关系、职责与职权关系的法律，如民法、刑法等。程序法是规定保证实体权利与义务、职责与职权得以实现的方式和手段的法律，如民事诉讼法、刑事诉讼法。

二、1. ABC　2. BC

三、1. 答：法律有一般分类和特殊分类，一般分类针对所有的法律制度，而特殊分类针对部分法律。从一般分类的角度：按照是否有明确的法典条文形式，可以将法律分为成文法和不成文法。根据法律的效力和地位，可以将法律分为普通法和根本法。根据法律的内容和功能的不同，可以将法律分为实体法和程序法。根据立法机关和法律效力，可以将法律分为国际法和国内法。根据法律的适用效力范围，可以将法律分为一般法和特别法。从特殊分类的角度：大陆法系国家将法律分为公法和私法，英美法系国家对法律可以划分为普通法和衡平法，联邦制国家分为联邦法和联邦成员法。

四、1. 答：我国的法律渊源是指法的具体表现形式，即由我国不同的国家机关制定或认可的，具有不同法律效力和地位的各种法的表现形式。

根据宪法和有关法律的规定，当代中国的法的渊源主要有以下几种。

（一）宪法

作为法律渊源的宪法，是国家的根本大法，具有最高的法律效力，是其他一切法律的立法依据，其指定和修改程序也和一般的法律不同。

宪法在内容上，规定的是国家和社会生活中最根本的问题，包括国家性质、基本政治制度、基本经济制度、公民的基本权利和义务以及国家机构的组成和活动原则等，涉及了国家社会生活中方方面面，但都是指导性和原则性的规定，和具体的法律规范所作出的具体的法律规定有所不同。

宪法在制定修改程序上也和一般的法律不同。其制定和修改是最高权力机关——全国人民代表大会，通过特别的程序进行的，具有更高的权威性、稳定性。

（二）法律

这里的法律是指狭义上的法律，即由我国全国人民代表大会及其常务委员会按照法定职权和法定程序指定的规范性法律文件。法律是我国主要的法律渊源之一，其地位仅次于宪法。狭义上的法律依照制定主体和调整范围的不同，可以分为基本法律和基本法律以外的法律。

基本法律是全国人民代表大会制定和修改的涉及国家和社会生活中某一方面带有

普遍性的社会关系的法律，如《刑法》等。在全国人民代表大会闭会期间，其常务委员会有权对基本法律进行部分补充和修改，但是不能同该法律的基本原则相抵触。

基本法律以外的法律，是由全国人民代表大会常务委员会制定和修改的“除应当由全国人民代表大会制定的法律以外的其他法律”（《宪法》第六十七条）。此外，全国人民代表大会所作出的决议和决定，如果其内容属于规范性的规定，而不是一般宣言或委任令之类的文件，也被视为狭义的法律。

无论是基本法律还是基本法律以外的其他法律，其法律效力和地位都仅次于宪法，而高于行政法规、地方性法规、自治条例和单行条例等。

（三）行政法规

行政法规是重要的法的渊源，其地位仅次于宪法和法律。行政法规是由国务院制定的有关国家行政管理活动的规范性法律文件的总称。国务院所发布的决定和命令，凡是有规范性内容和性质的也属于法的渊源，与行政法规具有同等的法律效力。

根据《立法法》的规定，“本法第八条规定的事项尚未制定法律的，全国人民代表大会及其常务委员会有权做出决定，授权国务院可以根据实际需要，对其中的部分事项先制定行政法规，但是有关犯罪和刑法、对公民政治权利的剥夺和限制人身自由的强制措施和处罚、司法制度等事项除外。”由此可见，国务院可以根据授权制定某些原本属于全国人民代表大会及其常务委员会立法权限的法，这称之为“授权立法”或“委托立法”。但必须注意，授权立法也有限制，即有关犯罪和刑罚、涉及公民政治权利和人身自由权以及司法制度等方面的事项不得授权。

1. 军事法规和军事规章

军事法规也是我国法律的一个重要渊源，其地位相当于国务院的行政法规。根据我国宪法的规定，其由中央军事委员会发布。军事法规在武装力量内部实施。

2. 地方法

地方性法规的效力只能在该制定机关所在区域内部发生，其分为一般地方法和特殊地方法。

一般地方法又叫地方性法规，是指由各省、直辖市以及省政府所在的市和国务院批准较大的市的人民代表大会及其常务委员会制定的规范性的法律文件，它们不得与宪法、法律相抵触。省一级的地方性法规要报全国人民代表大会常务委员会和国务院备案，较大的市的地方性法规由省、自治区的人大常委会报全国人民代表大会常务委员会和国务院备案。

特殊地方法又包括以下三种：

（1）民族自治地方的自治条例和单行条例。根据《宪法》《中华人民共和国民族区域自治法》和《立法法》的规定，自治区、自治州和自治县的人大有权按照当地民族的政治、经济和文化特点制定自治条例和单行条例。自治条例和单行条例可以依照当地民族的特点，对法律和行政法规的规定做出变通规定，但不得违背法律或者行政法规的基本原则，不得对宪法和民族区域自治法律规定以及其他有关法律、行政法规专门就民族自治地方所做的规定做出变通规定。

（2）经济特区的单行经济法规。广东省、福建省、深圳、海南省等地方，先后经全国人民代表大会及其常务委员会授权制定所属经济特区的各项单行经济法规。

（3）特别行政区的法律。特别行政区法是指特别行政区的国家机关依法制定或认可的，在特别行政区内具有普遍效力的法律规范的总和。

由于我国“一国两制”的实施，全国人民代表大会于1990年和1993年先后通过了《中华人民共和国香港特别行政区基本法》和《中华人民共和国澳门特别行政区基本法》。以香港特别行政区为例，依照香港特别行政区基本法的规定，香港特别行政区的立法会是香港特别行政区的立法机关，立法会根据基本法律规定并依照法定程序制定、修改和废除香港的法律。特别行政区立法会制定的法律须报全国人民代表大会常务委员会备案，但备案不影响该法律的生效。由于特殊的历史原因，香港特别行政区的法的渊源还有其他形式，如原有的判例法、习惯法等。基本法规定，这些法律除与基本法抵触或经香港特别行政区的立法机关做出修改外，予以保留。

3. 部门规章和地方政府规章

部门规章是指国务院各部、委员会、中国人民银行、审计署和具有行政管理职能的直属机构为执行法律和国务院的行政法规、决定和命令，在本部门的权限范围内所制定的规范性法律文件。地方政府规章是指省、自治区、直辖市和较大的市的人民政府所制定的规范性法律文件。

关于规章的效力，一般认为，规章是部门行政机关或地方行政机关制定的，对于人民法院的审判活动不发生必然拘束力，人民法院没有必须使用规章的责任。根据《行政诉讼法》的相关规定，人民法院对于规章是参照适用，在进行司法裁判的时候，没有法律、法规对相应问题做出明确、具体规定，且人民法院通过适当审查，认为相应规章对相应问题做出的规定是明确、具体并且不与法律、法规、法理相违背的情况下，可依据此种规章处理具体案件。

部门规章的效力低于行政法规，地方政府规章的效力低于本级地方性法规，省、自治区人民政府制定的地方政府规章的效力高于本行政区域内较大的市的人民政府制定的地方政府规章，部门规章之间、部门规章与地方政府规章之间具有同等效力，在各自的权限范围内实行。如果地方性法规与部门规章之间对统一事项的规定不一致，不能确定如何适用时，由国务院提出意见，国务院认为应当适用地方性法规的，则决定在该地方适用地方性法规的规定；国务院认为应当适用部门规章的，必须提请全国人民代表大会常务委员会裁决。如果部门规章之间、部门规章与地方政府规章之间对同一事项的规定不一致时，由国务院裁决。

4. 国际条约和国际惯例

成为我国法律渊源的国际条约，必须是我国同外国缔结或者我国加入并生效的国际法规范性法律文件，而且中国声明保留的条款除外。这种国际条约不属于我国国内法律的范畴，但是依然是我国法的渊源之一。

国际惯例在一定条件下也可以成为我国法的渊源，根据《民法通则》的规定，适用国际惯例的条件是不与我国社会公共利益相违背。

第三章　法律结构和法律效力

一、关键词解释

1. 法律结构
2. 法律的空间效力
3. 法不溯及既往

二、选择题

1. 在下列有关法律规则和法律条文关系的表述中正确的是（　　）
   A. 法律条文由法律规则体现出来
   B. 一个法律规则就等于一个法律条文
   C. 一个法律规则不能包括在几个法律条文中
   D. 一个法律条文可以包括几个法律规则在内
2. 下列哪些规范性法律文件在全国范围内有效？（　　）
   A. 行政法规　　B. 特别行政区基本法
   C. 部门规章　　D. 地方性法规

三、简答题

1. 阐述法律的溯及力的内涵

四、论述题

1. 简述法律的效力

答案：

一、1. 答：法律结构是指各个必备的法律要素有机构成的法律系统。

2. 答：法律的空间效力是指法在哪些领域内有效，即法律规定其法律效力所指向的空间范围或地域范围。

3. 答：法不溯及既往是指法律不能够适用其生效以前的事件和行为。

二、1. D　2. A

三、1. 答：法律溯及力又叫作法律的溯及既往的能力，指生效的法律对其生效之前的事项是否有效力。如果对其生效之前的事项依然适用，则叫法律有溯及力，反之则是没有溯及力。

现代的法治理念将“法不溯及既往”作为一般的原则，但是也不绝对，各国普遍也承认“有利既往”的原则，即法律一般对其生效之前的事项是没有效力的，但是如果新法对先前行为的任何一方都是有利的，那么也适用。比如我国的刑法，也是遵循

“从旧兼从轻”的原则，对于刑法生效以前的行为是没有效力的，不能认定其有罪，但是如果是当时认定有罪或者规定的刑罚更重，那么就适用新法认定无罪或从轻的处罚。

四、答：

（一）法律效力释义

法律效力是指法律的保护力和拘束力，是国家对于其制定的法律中所调整的范围内的主体保护或者加以约束。

（二）法律效力的等级

法律效力的等级指法律效力的位阶，关系着法律怎样适用，不同法之间的冲突应该判定谁的效力更高。一般来说遵循着以下四个原则：

（1）宪法具有最高的法律效力。宪法作为一个国家的根本大法，具有普遍的拘束力，所有人都应该遵循着宪法活动；具有最高的法律效力，其他法律都是根据它的规则进行具体的规定，不能跟其产生冲突，跟宪法相抵触的法律都是无效的。

（2）上位法优于下位法。根据法律制定主体来确定法律的等级序列，除特别法之外，一般法律制定主体的地位高，法律也就处于上位，上位法的法律效力也大于下位法，下位法不得与上位法相冲突。

（3）后法优于前法。同一制定机关在不同时间针对同一事项制定了相冲突的法律，后颁布的法律效力更高，优先适用后法。

（4）特别法优于一般法。当同一主体针对同一法律事项，既制定了一般法，又制定了特别法，应当优先适用特别法。需要注意的是这一原则针对的是同一主体，如果是不同主体，还需要考虑法律的位阶关系。

分清不同法律的效力高低，主要是为了司法实践中的适用，针对不同法律之间的冲突，怎样选择合适的法律进行适用。

（三）法律效力的范围

法律效力的范围是指法律的效力所能够发生作用的范围，包括时间范围、空间范围、对象范围等。

1. 法律的对象效力范围

法律的对象效力范围是指法律对什么主体产生效力，也称为法律的对人效力。这里的“人”是指广义上的人，不仅包括自然人，也包括法律所拟制的人，如企业、国家机关等。

确定对象效力范围的原则，一般包括：①属人原则。即以自然人和拟制人的国籍为标准，只要是本国的国籍，不管在何地因何事，都发生保护力和拘束力。这种原则可以最大限度地保护本国人，但不能管辖本国的外国人。②属地原则。即以主体所处的地域范围为标准，法律的效力遍及本国的所有领域，不论是本国人还是外国人或无国籍人。该原则能够使法律在本国范围发挥最大的效力，解决了外国人、无国籍人在本国的管辖的问题，但是对于在外国的本国人，就无法进行有效的保护。③保护主义原则。该原则以本国利益为优先，只要是符合保护本国利益这一条件，都有管辖权。该原则之下可以最大限度地保护本国的利益，但是与其他国家在本国上行使主权的行为相冲突，实际上实现的时候有很大的局限。④折中主义原则。即以属地原则为主，结合属人原则和保护主义原则来确定本国法律的对象效力原则。

当代中国的法律对象效力范围也是根据折中主义原则来确定的。首先，对于中国公民，在中国领土范围内的所有事项都适用中国的法律，在外国的行为原则上也适用中国的法律。对于外国人或无国籍人，在中国领土上的行为受到中国法律的管辖，在中国领土范围以外的事项，中国法律有条件地进行管辖。

2. 法律的事项效力范围

法律的事项范围原则指法律对于管辖范围的哪些行为和事项能够发生效力。

法律的事项效力范围一般包括以下几个原则：

（1）确定发生效力的事项范围。即事项法定的原则，一般情况下，有法律明文作出规定的事项才能发生效力，如果法律对此并没有相关规定，就不能产生拘束力。但是在特殊情况下，如法律允许类推的情形下，可以对某些法律并没有明确作出规定的事项也适应相关规定，并产生相应的效力。

（2）一事不再理原则。指同一机关不能受理同一当事人就相同的事所作出的两次或两次以上相同的法律请求。该原则既是维护司法的稳定性和权威性，又是节约司法资源的规定。

（3）一事不二罚的原则。指对同一行为，不得做出两次或两次以上性质相同或同一罪名的处罚。当然对同一行为可以做出两次及以上的性质不同的处罚，比如对同一犯罪行为，可以做出刑法处罚，还可以要求民事上承担责任、做出行政处罚。

3. 法律的时间效力范围

法律的时间效力范围是法律针对的是什么时间内的人和事，包括了生效时间、失效时间和追溯力三个问题。

（1）法律的生效时间

法律的生效时间一般有两种规定。一种是法律公布之日即实行生效之日，如《中华人民共和国国籍法》规定“本法自公布之日起施行”。另一种是法律明文规定在特定的时间起开始生效。为了让人们对即将施行的法律有一个了解，法律往往会在公布后过一段时间才开始实施生效。

（2）法律的失效时间

法律的失效是指法律终止效力。法律失效的形式分为明示失效和默示失效。明示失效是新法或相关法律文件中明确规定旧法被废止。默示失效是新颁布生效的法律和旧法产生冲突的地方，自动适用新法的规定，旧法的相关部分就自动失效，即“新法优于旧法原则”。

（3）法律溯及力

法律溯及力又叫作法律的溯及既往的能力，指生效的法律对其生效之前的事项是否有效力。如果对其生效之前的事项依然适用，则叫法律有溯及力，反之则是没有溯及力。

4. 法律的空间效力范围

法律的空间效力范围是指法律在什么空间里发生效力，即生效的地域范围。一般来说，法律的效力及于一个主权国家的全部领域，包括领土、领海、领空以及领土的延伸领域（如驻外使领馆等）。

法律的空间效力一般包括两种情形。①法律的域内效力。指法律在一个主权国家的领域内都是有效力的，而在其领域范围外则是无效的。②法律的域外效力。指法律在其主权国家以外的领域也发生效力。现代国家基于尊重国家主权的原则，一般法律是不具有域外效力的，但是如果是通过签订国际条约或者根据国际惯例等，可能会允许国家的法律在相互之间都具有域外效力。

第四章　法的价值和法律行为

一、关键词解释

1. 法律行为
2. 抽象法律行为和具体法律行为

二、选择题

1. 中性法律行为是指（　　）

A. 既不是合法行为又不是违法行为

B. 不能根据现行法律规定进行评价的行为

C. 合法行为

D. 违法行为

三、简答题

1. 简述合法行为和违法行为
2. 法的价值的含义

答案：

一、1. 答：法律行为是指具有法律意义和属性，能够引起一定法律后果的行为。

2. 答：按照法律行为的效力对象和生效范围，可以分为抽象法律行为和具体法律行为。抽象法律行为是针对未来发生的不特定事项而做出的、制定和发布具有普遍性行为规范的行为，如立法行为。具体法律行为是针对特定对象，就特定的具体事项而做出的、只有一次性法律效力的行为，如司法机关对某一案件的判决。

二、1. AB

三、1. 答：根据行为是否符合法律的规定，将法律行为分为合法行为、违法行为和中性行为。

合法行为是按照法律的规定进行的行为，是法律所提倡的行为，行为人进行了这一行为后能够得到法律的正面评价，可以得到自己预期的法律后果，比如签订合同的行为等。违法行为是行为人行使了与法律规定不一致的行为，该行为违反了国家现行的法律规定、危害了法律所保护的社会关系，具有违法性和社会危害性，表现为不履行法律所规定的义务或者为法律所禁止的行为，包括一般的违法行为如违反交通管理规则和严重的违法行为如犯罪行为。该行为会得到法律的负面评价，给行为人带来不利的法律后果，比如犯罪行为等。还有一种学者所提出来的中性行为，这种行为介于合法行为和违法行为之间，虽然没有得到法律的允许，但也没有被现行法律所禁止的行为。法律对这种行为没有纳入调整范围，没有办法得到法律上的评价，包括法律不想干预的领域比如婚姻家庭关系中的有些情感领域，法律不是万能的，也不能干涉社会生活的每个领域，有些社会关系只需要道德等的规范就好，不需要法律来强制干预；还包括法律漏洞领域，社会生活瞬息万变，立法者也没有办法预见到所有社会生活会出现的新情况，在社会生活中已经产生但囿于立法的滞后性还没来得及调整的行为。对于这种行为，如果行为人是公民个人，那么一般遵循着“法无明文禁止即自由”，法律不会对其产生负面评价，要求其承担法律后果；但是如果是国家机关等行使权力的时候所做的行为，则按照“法无明文授权即禁止”，需要为自己的中性行为承担法律责任。

2. 答：法的价值，就是法能够满足人类、社会、国家的需要。可以从三个方面去把握法的价值：

（1）法的价值是指法律在发挥其社会作用的过程中，能够促进哪些价值的实现。例如安全、秩序、自由、平等、正义等，这些价值都是人们一直以来所追求的价值，法律发挥作用都是为了实现这些价值，这种价值是法律所追求的目标和理想，因此这种价值是法的目的价值。

（2）法的价值是在各种价值产生冲突和矛盾时法能够借以进行评价的标准。在许多法学著作中，法的价值问题也就是法律评价的标准问题。我们可以把它称为法的评价价值。

（3）法的机制是指法自身所体现的价值，这种意义上法的价值可以称为法的形式价值。它并不是法律所追求的社会目标理想，而是法律本身所应当具备的价值，比如法律都应当逻辑严谨、简明扼要、明确易懂等。这些是法律本身所应当具有的形式上的良好特征。美国法学家富勒就曾把一般性、明确性、不矛盾性等八项称为“法的内在道德”，属于任何法律制度都应当具有的特征。

第五章　法律关系与法律责任

一、关键词解释

1. 法律责任
2. 法律关系

二、选择题

1. 某市的市民公约规定“禁止践踏花草，请爱护花草树木”，违反此规定的行为主体应承担（　　）责任。

A. 法律责任　　B. 道义责任

C. 宗教责任　　D. 纪律责任

2. 下列哪些主体的法律责任可以被免除？（　　）

A. 超过诉讼时效的债权债务关系中的债务人

B. 在刑事案件中有重大立功表现的犯罪嫌疑人

C. 在刑事案件中犯罪情节显著轻微的犯罪嫌疑人

D. 自诉案中原告没有告诉的，被告之责任可以被免除

三、简答题

1. 法律责任的归责原则

四、论述题

1. 法律关系的构成要素

答案：

一、1. 答：法律责任是一种特殊意义上的义务，是由违反第一性的义务而引起的第二性的义务。

2. 答：法律关系是指根据法律规则所决定的主体之间具体行为的法律相关性。

二、1. B　2. ABD

三、1. 答：法律责任的归责原则主要有：

（一）责任法定。责任法定是指法律归责的过程必须依法进行。主要体现为：①归责主体必须是依法享有归责权力的或依法授权获得归责权力的主体，一般民事责任和刑事责任的归责主体是人民法院。行政责任的归责主体首先是行政机关，但中级规则主体也是人民法院。企业事业组织、仲裁机构等通过依法接受国家机关的授权或委托，也可能成为归责主体。②责任主体应承担的法律责任的种类、性质、期限、承担方式等必须以预先生效的法律规范为依据。这一方面可以确保法律的实施，使“纸面上的法”能够顺利转化成“行动中的法”，维护法律的权威；另一方面，这可以有效防止责任擅断，贯彻诸如“法无明文规定不无罪”等法律原则，增进法律的确定性。另外，责任法定原则也最大限度地防止归责主体作“有害追溯”，坚持“法不溯及既往”原则和责任自负原则。既“不用今天的法律规范昨天的行为”，也不任意地扩大归责的范围，杜绝归责上的株连。③归责主体的归责过程必须严格遵守程序法。一般来说，没有程序法的正确适用是不可能有实体法的正确适用的，因此只有归责过程是依程序法进行的，法律责任的归结才满足正当性的要求，法律责任的功能才能实现。

（二）公平原则。公平、正义都是法的重要价值类型，责任法定、依法归责就是法的公正性的体现。但法律尤其是成文法具有局限性，在法律无法提供准确的归责依据时，归责主体必须本着符合基本社会公正、法律公正的原则和精神进行归责。具体表现为：①同等情况同等对待。归责主体在裁判过程中，必须保持遵循“先例”的一贯

性，即在同样或近似的案件中，归责主体的裁量也必须大体相当，贯彻正义原则。②归责要坚持“罚责相适应”。对责任主体的惩罚和其所造成的损害、主体的主观恶性、主体违法犯罪性质等应保持大致相当。如果做不到“罚当其责”，非但不能实现法律责任的功能，而且可能造成更大意义上的不公平，损害法的正当性。③归责过程中归责主体要坚持法律面前人人平等原则，任何主体的违法犯罪都应受到同等的追究，但要注意恰当地区别对待，在特定情况下，只有区别对待才能达到真正的平等。

（三）效益原则。以较小的投入产出同样的成果或以同等的投入实现较多的产出即效益。归责的效应原则是指针对不同的违法或犯罪，确定怎样的法律责任要始终用效力去衡量。例如经济犯罪的刑事责任一般都判“没收财产”，目的是削弱或剥夺继续犯罪的实力，从而实现法律责任的功能。

四、答：根据法律关系的一般原理，任何法律关系都必须具备主体、客体和内容三个要素。

（一）法律关系的主体

法律关系的主体是法律关系的参加者，是法律权利的享有者和法律义务的承担者，是构成法律关系最根本的要素，如果法律关系没有主体的意志和行动，那么根本就不能存在。其中权利的享有者叫作权利主体，义务承担者叫作义务主体。

是否可以成为法律关系的主体，这是由法律所明确规定的。在不同时期，法律关系的主体有所不同，经过长期的历史演进，一般来说法律关系的主体包括自然人和法律上的拟制人。目前就我国来讲，法律关系的主体主要包括公民（自然人）、法人和其他组织。另外在特殊情况下，国家也可以成为一定法律关系的主体。

作为法律关系的参加者，相关主体资格是由法律来规定的，具体的方法就是通过确定主体的权利能力、行为能力和责任能力来赋予主体参加法律关系的资格。具备权利能力、行为能力和责任能力就是成为法律关系主体的资格和条件。

1. 权利能力

权利能力是法律关系的主体享有权利和承担义务的资格，所有参与法律关系的主体，都必须享有权利能力。但是根据客观主体的不同，对自然人和法人的权利能力，法律做了不同的规定。

自然人的权利能力有一般权利能力和特殊权利能力。一般权利能力是所有自然人都享有的权利能力，这种权利能力是参加一般法律活动所需要具备的资格，不能被随意剥夺和限制，如《中华人民共和国民法总则》（2017）第十三条规定：“自然人从出生时起到死亡时止，具有民事权利能力，依法享有民事权利，承担民事义务。”特殊权利能力则与其从事的具体法律活动有关，对其主体作了一定范围的限制，如选举权等。

法人的权利能力开始于法人依法成立之时，自法人解散或撤销时消灭。

2. 行为能力

行为能力是法律关系主体能够通过自己的活动行使权利、履行义务的能力。行为能力是当事人必须在已经具备相应的权利能力的同时，才可能通过自己的行为具体地行使权力、履行义务。

和权利能力不同，权利能力是赋予主体行使权利、履行义务的资格，而行为能力则是承认主体可以通过自己的行为来具体实现其权利、履行其义务。行为能力以权利能力的享有为前提，但具备权利能力并不意味着当然地具备了行为能力。权利能力的设置是为了给主体提供参加法律活动的资格，而行为能力是针对主体的差异性，对主体是否可以通过自己的行为来具体实现权利和义务。

根据主体的不同，自然人的行为能力取决于自然人的年龄和健康状况，比如《民法总则》规定，“成年人为完全民事行为能力人，可以独立实施民事法律行为。”“八周岁以上的未成年人为限制民事行为能力人，实施民事法律行为由其法定代理人代理或者经其法定代理人同意、追认，但是可以独立实施纯获利益的民事法律行为或者与其年龄、智力相适应的民事法律行为。”“不满八周岁的未成年人为无民事行为能力人，由其法定代理人代理实施民事法律行为。”“不能辨认自己行为的成年人为无民事行为能力人，由其法定代理人代理实施民事法律行为。”这些都说明法律针对主体自身年龄、健康状况的不同，规定了不同的行为能力。法人的行为能力和自然人的行为能力不同，法人的行为能力是由法人依法成立时的宗旨和业务范围决定的，并由相关的组织章程所规定的。

3. 责任能力

责任能力是法律主体因违法等原因所引起的承担相应法律责任的能力。责任能力与行为能力相关，一般来说没有行为能力就没有责任能力，有行为能力就有责任能力。但是要注意的是，行使法律关系中刑事责任能力的时候，责任能力具有相对独立的意义。它强调主体对自己行为的性质、意义以及后果认识与持续控制的能力，以其独特的方式指引和教育人们要理性地行为并对自己的行为负责。刑事责任能力种类与内容的确定也与主体的年龄和健康状况有直接的关系，具体内容见我国刑法中的相关规定。

（二）法律关系的内容

一般认为法律关系的内容包括法律权利和法律义务，具体内容见本书第七章。

（三）法律关系的客体

法律关系客体是法律关系主体之间建立起一定法律关系所指向的具体目标，是人们通过自己的意志和行为想要改变和影响的对象，是权利和义务的具体现实载体。简而言之，法律主体行使权利和履行义务的现实对象，就是法律关系的客体。

一般来说，现代法律制度中法律关系的客体有以下几类：

（1）物。能成为法律关系客体的物是指能满足人们需要，具有一定的稀缺性，并能为人们所现实支配和控制的各种物质资源。它既可以是固定形态，也可以是没有固定形态的，如电力等；既可以是人们通过劳动创造的，也可以天然存在的，如矿石等。

（2）非物质财富。又称为精神产品或精神财富。它主要包括两类：一是人们运用脑力劳动创造的智力成果，如科学发明、技术成果、文艺作品等；另一类是与人身、人格相联系的公民和组织的肖像、名誉、隐私等，因与人特定的身份直接相连，所以不能像一般的财产关系那样，可以按照权利主体的意志自由消灭或更改，而是有着一些特殊的法律要求，如著作权中的署名权是不能更改和转让的，只有主体自己能够享有。

（3）行为。有些法律关系中，权利和义务指向的客体不是一定的物而是一定的行为，包括为一定行为或不为一定行为。比如在家庭关系中父母和子女之间的赡养义务、抚养义务，夫妻之间的扶养义务等，都是指向的行为。

（4）其他。能够满足人们有关物质和精神需要的其他财富，如具有一定价值的和意义的信息等。

第六章　权利、义务与权力

一、关键词解释

1. 权力
2. 法律义务
3. 法律权利

二、简答题

1. 权利和权力的区别

三、论述题

1. 权利和义务的关系

答案：

一、1. 答：权力是一种法律上合法设定关系和改变关系的力量。

2. 答：法律义务是法律关系中的主体以相对被动地作为或不作为的方式保障权利主体获得利益的一种约束手段。

3. 答：法律权利是法律关系中的主体以相对自由的作为或不作为的方式获得利益的一种手段。

二、1. 答：权利和权力的区别有很多，以下说一下它们的主要不同：

（1）在使用的主体上，公民个人行使的一般是权利，公共管理机关行使的一般是权力。

（2）在性质上，权力是公共管理机关管理社会的一种强力，并且以公共利益为目的，因此具有公益性；权利是社会成员所享有的一种法律上的利益，不具有公益性。

（3）在行使上，权力行使的目的是为了社会公共利益，具有不可放弃性，不能由权力行使者自由选择是否行使，具有“应为性”；权利的行使是对社会主体自身利益的保护，可以依照法律选择放弃行使。

（4）在影响上，权力行使一般可以直接支配其对象，在多数情况下直接或者间接地伴随国家强制力；而权利主体只有在义务主体不履行义务的情况下才能诉诸公权力的保护，一般来说不允许私力救济。

三、答：权利和义务的关系是理解权利和义务很重要的内容，在去权利和义务的关系问题上，现在法学界比较主流的观点是，权利和义务在总体上是对立统一的关系，总体上来说权利和义务是等量的，功能上是互补的，价值上也是一致的。

1. 权利和义务在结构上的对立统一性

权利和义务是对立统一的，它们互为前提而存在，相互之间是独立排斥的，在一定条件下可以相互转换。

权利的存在以义务的存在为前提，反之亦然。社会设定一个权利，必须相应地设定一个义务；反之，设定一个义务，必定会存在一个相应的权利。如设定了受教育权，那么针对实现这个权利，就会给社会、父母和其他人都设定了相应的义务，否则这个权利就形同虚设。再比如给子女设定了赡养父母的义务，那么父母也就相应得到了被赡养的权利。在一定条件下，某一行为既是权利也是义务，如行政机关依法行使职权。此外，在一定条件下，权利和义务还能够相互转化，即权利人承担义务，义务人也可享受权利，在法律关系中的同一人既是权利主体也是义务主体。例如父母与子女之间的扶养、教育与赡养、扶助的法律关系。因此没有无义务的权利，也没有无权利的义务。权利和义务一方不在了，另一方也不能存在。权利和义务也是互相排斥独立的，权利和义务是不同的事物，权利是为了主体实现利益而设置的，可以主动要求，也可以选择放弃。义务是为了满足权利主体的利益而设置的，是法律强制设定给义务主体的，义务人不能随便放弃，必须按照法定的方式履行。

2. 权利和义务在功能上的互补性

在现实中，权利的实现会受到义务的制约，而义务的履行也会受到权利的限制。权利的行使以合法、守法为前提，而合法、守法在一定程度上就是一种义务，权利主体在行使权利的时候如果超越了合法的界限，其权利就不再受到保护，甚至会引起法律上的责任，义务人也不必按此要求履行。权利和义务在功能上互补，有利于实现更好的法律秩序。

3. 权利和义务在总量上的守恒性

一般来说，无论是一个人既享有权利又需要履行义务，还是一部分人享有权利，另一部分人为此履行义务，权利和义务在总量上大致应该是平等的，这也是社会公平正义的要求，权利大于义务或者义务大于权利，都是社会的不公平。

4. 权利和义务在价值上的一致性

权利和义务的设置，都是为了实现法律价值。

第七章　法系

一、关键词解释

1. 法系
2. 大陆法系
3. 英美法系

二、选择题

1. 大陆法系和英美法系的主要区别表现在哪些方面？(　　)

A. 法律渊源　　B. 法的分类

C. 法典编纂　　D. 诉讼程序和判决形式

2. 下列哪些选项属于英美法系的特征？(　　)

A. 法院的判例、法理等，没有正式的法律效力

B. 在法的基本分类中有普通法与衡平法之分

C. 在诉讼程序上采用当事人主义

D. 成文法是法的渊源之一

三、简答题

1. 大陆法系和英美法系的区别

2. 大陆法系的特点

答案：

一、1. 答：法系是指具有共同历史传统和外部特征的若干个国家和地区的法律制度的总称。

2. 答：大陆法系，也称罗马—日耳曼法系、民法法系、法典法系，是指以古罗马法为基础、以十九世纪初《法国民法典》发展起来的国家和地区法律制度的总称。

3. 答：英美法系，又叫作普通法法系、海洋法系，是指以英国中世纪的法律，特别是普通法为基础产生和发展起来的，以英国法和美国法为代表，以及在英美法律传统的影响下所形成的具有共同外部特征的各个国家和地区的法律制度的总称。

二、1. ABCD　2. BC

三、1. 答：①法律渊源的差异。制定法是大陆法系国家最主要甚至是唯一的法律渊源。英美法系国家的法律渊源主要是由判例法和制定法构成的。②法律分类的区别。大陆法系国家，法律被分为公法和私法。英美法系国家，分为衡平法和普通法。③法典化的不同。大陆法系国家一直实行法典化。英美法系国家传统上不实行法典化。④适用法律技术的不同。大陆法系国家，法官审理案件时，除了确定事实外，首先考虑的是有关制定法如何规定，然后再结合个案进行判断，这一过程被称为演绎推理。英美法系国家，法官需要从有约束力的先例中发现可以适用于当前案件中的相似判例，并从中总结一般性规则或原则，再用来指导具体案件的审判。⑤诉讼程序的差异。大陆法系国家采用纠问制诉讼，英美法系国家采用对抗制诉讼。

2. 答：(1) 强调私法和公法之间的区分

大陆法系对于法律有公法和私法的划分，这是罗马法所首创。一方面，由于其独特的海洋文明、发达的商品经济，在私法方面一直发达且重视，而公法方面就稍显其弱。对比限制公权力滥用的公法，其在保护私权利方面的私法无微不至。另一方面因为西方的封建制度，“我的领主的领主并非我的领主，我的附庸的附庸也并非我的附

庸”这样泾渭分明的法律地位和权利划分，使得对于私权利的保护也是有效的。与此同时，以《圣经》为主要渊源的教会法强调上帝面前人人平等，强调诚实信用，注重交易安全；并在私法的婚姻、家庭、集成方面对后世产生了深刻的影响。文艺复兴等的运动，强调以人为本的思想。这些方方面面都是私法上的法律思想和法律制度的不断完善和加强。

（2）强调理性和哲理的指导作用

对于以罗马法为基础建立起来的大陆法系，罗马法的精神对于其整个法律体系内在影响深远。罗马法的精神支柱——理性主义，构成了大陆法系哲学传统的基本精神。古希腊的理性思想先是通过罗马法将其私法化，形成一个理性思想的私法体系。中世纪的阿奎那等在形式上将其神学化，但理性的光辉依然在。中世纪后期和近代前期，随着商品经济的发展和国家——社会的二元对立，从古希腊和古罗马传承下来的理性思想和理性法再度融合，转换成完整而体系化的古典自然法学说，有机地完善了大陆法系的私法原则并形成公法的基本理论从而树立起了大陆法系的精神支柱。理性主义的载体就是自然法思想。

（3）法学家在立法中的重要作用

由于秉承着理性主义的思维方式和自然法的影响，法被看作是根据正义观念而被公认的权利和义务的学说体系。反映在立法上，大陆法系依循一定法律学说的指导通过立法机关来表达一般的抽象原则，法学家自然在立法中起指导作用。

在法的观念上，人们认为理性是唯一可靠的认知方法，而和经验主义相反，通过理性力量，人们可以发现一个理想的法律体系，并以此建立各种规则和原则，将其作为法典的指导。在这里面法学家起着非常重要的作用，从古罗马的时代，乌尔比安等法学家就在一定程度上起着立法者的作用，他们的学说甚至可以直接用于司法断案，具有和皇帝敕令一样的法律效力。目前的大陆法系的许多基本原则，都是法学家思考的产物，法学家的理论对于整个大陆法系的产生和发展都起着至关重要的作用。

（4）法律法典化及其独特的渊源

有无法典的存在并不是区别大陆法系和英美法系的依据，大陆法系的大多数国家固然有法典，但在英美法系国家，很多部门法内也存在着系统化的法典。比如英美法系的代表——美国，也有其著名的商法典。但是作为大陆法系的特点之一，大陆法系的国家更加注重制定系统化的法典，理性主义的精神和传统，法学家的重要作用，相信理性的判断，相信立法者的判断和前瞻，因此更加重视制定一部完善系统的法典来指导法律实践，从《法国民法典》到《德国民法典》，这些法典都对于法律的发展、社会的变化有着至关重要、不可忽略的影响。而相比较之下，英美法系的国家更加注重法官造法，在判例中去寻求司法精神和司法审判的依据。

第八章　法的制定

一、关键词解释

1. 立法
2. 立法程序

二、论述题

1. 法律制定的分类
2. 简述我国的立法程序

答案：

一、1. 答：立法，又称为法律制定，是指有立法权的国家机关遵循掌握国家政权的社会集团的意志，根据一定的指导思想和基本原则，依照法定的权限和程序，使之上升为国家意志从而创制、修改、废除法律的专门活动。

2. 答：立法程序是指享有立法权的国家机关在创制、修改、废止法律的活动中必须履行的法定步骤。

二、答：根据立法主体的性质、立法权限等方面的不同，立法活动的分类可以有以下几种。

（1）专制的立法和民主的立法

这是根据立法主体的政治性质不同所做的分类。在历史上享有立法权的主体主要有两个，一个是专制君主，一个是民选的代议机关。对于君主享有立法权，由君主独断立法的称为专制的立法，这种立法模式下由君主专制行使立法权，立法的目的也是为了方便专制君主维护其统治秩序和专制利益。另一种是由人民所选举的代议机关行使立法权，这种立法活动是在法定权限内按照一定的程序进行的，其制定的法律代表着人民的公意，立法权实际上的所有者是人民。需要注意的是，在君主立宪制的国家里，虽然名义上立法权是君主的，实际上依然是由代议机关行使和决议的，这种模式依然是民主的立法。

（2）代议机关的立法和行政机关的立法

这是在民主立法模式的内部所做的区分。广义上的立法，不仅仅指代议机关所行使立法权的活动，也指有相关职能的国家机关的立法活动。根据三权分立的理论，代议机关行使立法权，行政机关执行法律。但是在具体的社会生活中，代议机关制定基本的法律，而在某些具体的社会领域，行政机关也会制定一些行政规章来更加方便行使管理国家的职能，以此应对日益复杂的社会生活。

（3）中央立法和地方立法

这是根据立法权限和立法主体所做的划分。中央立法是由中央国家机关所做的在全国范围内均有效的立法，地方立法是地方机关针对本地所做的只在本地区范围内生效的立法。在单一制国家里，地方立法的效力是要低于中央立法的效力，地方法规不能与中央的规定相抵触，否则自动失效。而在联邦制的国家里，地方立法是可以和联邦立法并行的，双方并不是绝对的相抵触而联邦立法的效力更高。

（4）职权立法和授权立法

这是根据立法主体的立法权限的来源所做的分类。职权立法是指立法主体的立法权限来自法律的明确规定，授权立法是指立法主体的立法权限来自其他机关的依法授权。前着具有一般性和稳定性，后者具有特殊性和机动性。

2. 答：我国目前的立法程序已基本法律化和制度化，这里主要介绍一下全国人民代表大会及其常务委员会的立法程序。根据我国《宪法》《全国人民代表大会组织法》《立法法》《全国人民代表大会议事规则》和《全国人民代表大会常务委员会议事规则》等法律的规定，我国立法程序包括提出法律案、审议法律案、表决和通过法律草案、公布法律这四道程序。

（1）提出法律案

提出法律议案是指依法享有立法提案权的机构或人员按照一定的程序向立法机关提出、提请法律制定机关列入议程讨论决定的关于创制、修改、补充或废止某项法律的动议。根据有关法律的规定，享有向全国人民代表大会及其常务委员会提出法律议案权的有：第一，在全国人民代表大会开会期间，一个代表团或者 30 名以上的代表，可以向全国人民代表提出属于全国人民代表大会职权范围内的议案。第二，全国人民代表大会常务委员会组成人员 10 人以上可以向常务委员会提出属于常务委员会职权范围的议案。第三，国务院向全国人民代表大会及其常务委员会提出的法律案。第四，最高司法机关和军事机关向全国人民代表大会及其常务委员会提出议案。

（2）审议法律草案

提出的法律议案被列入会议议程后就进入审议程序，立法机关就开始对会议中的法律案进行审议讨论。根据《立法法》的规定，全国人民代表大会对法律草案的审议一般经过以下五个步骤：第一，提案人说明，即立法提案者向大会作关于该法律案的说明；第二，分别审议，即各代表团和有关的专门委员会分别对该法律案进行审议；第三，统一审议，即由法律委员会汇总各代表团和专门委员会的审议意见，并对法律草案进行统一审议，向大会主席团提出审议结果报告和法律案修改稿；第四，主席团决定，即大会主席团审议法律委员会提出的审议结果的报告以及该法律案修改稿，并决定提交大会审议；第五，大会审议，即大会全体会议以一定方式、规则对法律案进行审议。任何法案一旦列入大会议程，在提请大会表决前必须经过大会全体会议的审议，这是立法民主性的基本要求。

审议法律案是立法程序中非常重要的内容，是立法机关的代表对于法律提案的看法讨论，旨在让各个法律提案都能经过充分的讨论而认识到法案的内容和利弊，以方便之后的表决，是否能够通过而上升为法律的重要环节。这也是民主立法的要求和体现。

(3) 表决和通过法律草案

表决法律草案是立法机关对经过审议的法律草案以一定的方式表示最终的态度，即由立法机关的组成人员最后对法律案表示赞成或者不赞成或弃权的态度。这是立法程序中具有决定性意义的步骤。

法律议案只有经过表决，才能决定是否被通过。通过的原则是多数原则，一般分为绝对多数和简单多数。根据我国宪法和法律的规定，宪法修正案须有全国人民代表大会全体代表的三分之二以上多数赞成才能通过，即采取绝对多数原则。法律草案只要有全国人民代表大会全体代表的过半数或全国人民代表大会常务委员会全体组成人员的过半数赞成，即为通过，这是采用简单多数的原则。

(4) 公布法律

公布法律是指法律制定机关在法定的专门刊物上，对立法机关通过的法律予以正式公布。我国宪法规定，国家主席根据全国人民代表大会及其常务委员会的决定公布法律。法律公布后，应当及时在制定机关的公报上刊登，并应当在全国范围普遍发行的报纸上刊登。法律公布与法律实施有密切联系。未经公布的法律不能认为已经发生效力，不能予以实施。

第九章　法的实施

一、关键词解释

1. 执法
2. 司法
3. 守法

二、选择题

1. 黄某是甲县人事局的干部，他向县检察院举报了人事局领导叶某在干部调配中收受钱财的行为，两个月后未见动静。黄某几经努力，才弄清是检察院的章某把举报信私下扣住给了叶某。黄某于是又向县人大、市检察院举报章某的行为。黄某这一行为属于下列哪一种？(　　)

A. 法律适用　　B. 守法

C. 执法　　D. 法律解释

2. 下列哪些行为不符合我国法律的适用原则？(　　)

A. 法官李某为办好案件，与原告、被告双方的代理人分别有多次私下接触

B. 族长吩咐，强奸案的被害人赵某及其家人不许向公安局报案，由强奸实施人董某向赵某赔偿 5 000 元

C. 在处理合同纠纷时，欧阳法官接到市委书记的批条，指示不能判外地企业胜诉

D. 监狱根据法定的情况没有将因贪污、受贿被判处十年有期徒刑的原局长万某收监执行

3. 甲因乙不能偿还欠款将其告上法庭，并称有相关证据被公安机关办理其他案件时予以扣押，故不能提供证据。法官负责任地到公安机关调查，并复制了相关证据材料。此举使甲最终胜诉。从法理学角度看，对该案的下列说法，哪些可以成立？（　　）

A. 本案的承办法官对“以事实为依据，以法律为准绳”原则有着正确的理解

B. 法官在审理此案时，违背了法官中立原则

C. 本案的承办法官对司法公正的认识有关，法律职业素养有待提高

D. 本案的审理较好地体现了通过审判保障公民权利的司法功能

三、简答题

1. 执法与司法的区别

四、论述题

1. 执法的基本原则

答案：

一、1. 答：执法是指国家行政机关和法律委托的组织及其公职人员依照法定职权和程序行使行政管理权，贯彻实施国家权力机关，即立法机关所制定法律的活动。

2. 答：司法是指国家司法机关依据法定职权和法定程序，具体运用法律处理案件的专门活动。

3. 答：法律遵守与守法是同一概念，指国家机关、社会组织和每个公民，依照法律的规定，行使权利、履行义务的活动，即一个国家和社会的各个主体严格依法办事的活动和状态。

二、1. B　2. ABC　3. AD

三、1. 答：（1）主体不同

司法是由司法机关及其公职人员适用法律的活动，在我国司法主体只能是法院和检察院，其他任何主体都不能进行司法活动。执法一般是行政机关及其工作人员执行法律的活动，执法的主体和司法主体是不同的。

（2）两者的对象不同

司法的本质是一种判断，是对刑事、民事或行政案件及各类司法裁判的纠纷进行审查或检察监督，作出裁判。而执法是一种管理，行政机关以国家的名义对社会进行组织、协调、管制和服务，行政管理的事务涉及社会生活各个方面，执法的对象远比司法广泛。

（3）两者的程序性要求不同

司法活动要遵循严格的程序法规定，如果违反将导致司法裁判的不合法，结果往往是无效的，从而要承担一定的法律责任。而大部分执法活动虽然也有相应的程序性

规定，但为了提高执法的效力，执法程序没有司法程序那样严格和复杂。

（4）两者的地位不同

司法活动具有被动性，审判活动要贯彻“不告不理”原则，案件的发生、纠纷的产生和当事人的请求是引起审判活动的前提，裁判时要贯彻中立性原则，做到不偏不倚、中立客观。而执法活动具有较强的经常性和主动性，行政机关应积极地依法实施行政管理的职能，在处理社会矛盾或纠纷时也具有一定的倾向性，这是行政机关履行社会事务职能的性质所决定的。

四、1. 答：

（一）合法性原则

依法行政原则，又称合法性原则，是指行政机关实施行政管理，要严格按照法定权限和程序行使权力、履行职责；未经法律许可，行政机关不得做出影响公民、法人和其他组织合法权益或者增加公民、法人和其他组织义务的决定。这一原则是法治国家对行政的第一要求，是防止行政权滥用的最重要的防线。

合法性原则一般包括以下的内容：①执法主体的设立和执法职权的存在要合法。执法主体的资格必须是法律赋予或者根据法律的规定由有权力的机关授予或委托的，这种职权只能是在法律允许的范围内，遵循“法无明文许可则禁止”，法律有明确授予的职权才能行使。②行政执法行为要合法。一般来说行政执法行为要合法，需要执法主体按照法律的规定、符合法定权限、依据法律规定的程序进行。

（二）合理性原则

合理性原则是针对合法性原则所做的补充，是指执法主体的执法行为应当客观、适度，在法律规定的范围内体现公平、正义的要求。执法行为仅仅在法律规定的范围内行使，有时候也会造成行为的不妥当，由于执法行为往往具有很大的灵活性，法律会规定一个有比较大的自由裁量权的范围，让执法行为可以按照具体实际情况作出合理的处理。仅仅僵化地依照法律的规定“一刀切”的行为方式，并不注重执法的现实效果。但是这个较大的自由裁量权执法的时候应该如何取舍，这时候就需要结合合理性原则，执法主体在行使自由裁量权进行执法活动的时候，就应该遵循公平、公正的原则，平等地对待行政相对人，客观地行为。这样才能使执法行为真正地能够符合法律的宗旨和精神。

（1）正当程序原则

正当程序原则是要求执法主体的执法活动必须要符合法定的程序，这是法律对执法行为的有效控制，能够切实地防止权力滥用，同时符合法定的程序本身也使得执法行为获得了正当性。执法的程序正当的标准是行政程序公开；行政主体严格按照法定程序行使权力、履行职责；保护相对人的听证权、辩论权、回避权等程序性权利。

正当程序原则与合法性原则有一定的交叉重叠关系，但与合法性原则不同的是，正当程序原则除了要求在有法律规定时严格执行行政程序法的规定外，在某些情况下，即使没有程序立法规定，行政机关也应当在该原则的指导下制定执法的程序规范；如果行政机关自身也缺乏相应规定，在考察行政相对人对行政行为的异议时，可以以该原则作为执法行为程序和结果正当与否的判断标准。

（2）效率原则

效率原则主要包括两个方面：①该原则要求行政机关进行执法时，对不同社会主体之间的利益、个人利益与公共利益进行权衡和取舍时，要考虑社会的总成本与总投入之间的关系，要尽可能地以最小的社会成本获得最大的社会经济效益。②行政机关进行执法活动时，也要考虑自身的执法成本与执法效益的比值问题，以最小的成本获得最大的收益。行政执法的效率原则要求是由行政活动本身的性质决定的。

执法效率原则要求执法主体从保护公民权利和国家利益出发对行政相对人的各项要求及时做出反应，克服部门保护主义；行政机关实施行政管理，应当遵守法定时限，积极履行法定职责，提高办事效率；行政机关要精简机构，降低管理成本，提高政府办事效率；积极探索对政府立法项目尤其是经济立法项目的成本效益分析制度，政府立法不仅要考虑立法过程成本，还要研究其实施后的执法成本和社会成本；行政机关制定的制度要公开透明，行政机关的信息资源应当尽量共享，这是提高行政效率的基础。

（3）诚实守信原则

诚实守信原则是指行政机关进行执法活动时要讲诚实、守信用，要求除涉及国家秘密和依法受到保护的商业秘密、个人隐私的事项外，行政机关应当公开政府信息；公开的信息应当是准确、全面、真实的；行政机关发布的政策和做出的决定要保持相对稳定，不能朝令夕改，确需改变的应该尽可能地给相对人提供合理的预期，由此造成相对人受损害的，行政机关要依法给予补偿，非因法定事由并经法定程序，行政机关不得撤销、变更已经生效的行政决定。诚实守信原则能够更好确立执法机关执法活动的权威性，避免朝令夕改，给相对人提供合理的预期，使相对人的活动可以更好地调控风险。

（4）责任原则

责任原则是指执法主体必须对自己的执法行为承担责任。由于在执法活动中权力的行使本身很可能给相对人造成损害，那么在损害发生的时候应该让执法主体能自己承担责任以给予相对人救济。

行政责任发生一般有三种情形：①违反法律的行政行为；②行政不当损害相对人的利益；③行政行为实施上造成相对人权益的损害。对于这三种情形执法主体都应该承担相应的法律责任。前两种情况下产生的责任是行政损害赔偿责任，最后一种情形下产生的是行政的损失补偿责任。

第十章　法的监督

一、关键词解释

1. 法律监督
2. 国家法律监督

3. 社会法律监督

二、选择题

1. 类似“焦点访谈”这种被称为“第四种权力”的监督在监督体系中发挥越来越重要的作用，这种监督属于（　　）

A. 国家机关监督　　B. 社会舆论监督

C. 社会组织监督　　D. 人民政协监督

三、简答题

1. 舆论监督

四、论述题

1. 权力机关的法律监督

答案

一、1. 答：法律监督指国家机关、各政党、社会团体、公民，对于法律运行和操作过程，包括立法、执法、司法活动的程序及其结果是否合法所实施的评价和督导。

2. 答：国家法律监督是一种法定监督，指国家机关以国家名义进行的，由国家强制力保证实施的、具有法律效力的监督。

3. 答：社会法律监督指的是国家机关以外的，包括社会组织、政治团体、人民群众等通过多种手段和途径对执法、司法和守法行为的督促。

二、1. B

三、1. 答：社会舆论监督是新闻媒体利用广播、电视、网络、报纸杂志等大众传媒，对国家立法和实施法律的活动进行监督。舆论监督虽然没有法律强制力，但是由于它传播速度快、影响大、范围广，对被监督者形成强大的压力，也被称为第四种权力，对于违法乱纪行为的监督起着重要的作用。

舆论监督的主要方式是：对国家机关及其工作人员的违法失职行为和不当行为曝光、评论和批评，促使其及时纠正；通过民意调查了解公民对现行法律及其实施的评价；以内部报告的形式直接向有关机关反映民意。

四、1. 答：权力机关的法律监督，是各级权力机关对法律的制定和实施的合法性进行的监督，包括监督立法活动和监督执法、司法活动。在我国，就是指国家权力机关——全国人民代表大会及其常务委员会和地方各级人民代表大会及其常务委员会不仅享有立法权，也享有法律监督权，其监督权针对行政机关、司法机关等所有的国家机关。

根据宪法和法律的规定，我国的国家权力机关的监督主要有两种：

（1）对立法活动的监督

对立法活动的监督是指国家权力机关对制定规范性法律文件的权力行使进行的监督，其目的是保证国家法制的统一。主要有：①全国人民代表大会有权改变或撤销全国人民代表大会常务委员会不适当的决定。县级以上地方各级人民代表大会有权改变或撤销本级人民代表大会常务委员会不适当的决定。②对国务院制定的行政法规、决定和命令的监督，全国人民代表大会常务委员会有权撤销国务院制定的同宪法、法律相抵触的行政法规。县级以上地方各级人民代表大会常务委员会有权撤销本级人民政府不适当的决定和命令，撤销下一级人民代表大会不适当的决定。③对省、直辖市的人民代表大会制定的地方性法规和民族自治地方的人民代表大会制定的自治条例和单行条例的监督。全国人民代表大会常务委员会有权撤销省、自治区、直辖市权力机关制定的同宪法、法律和行政法规相抵触的地方性法规和决议。④对同外国缔结的条约和协定进行监督。我国同他国缔结的关于政治、经济、文化、军事、法律等方面的条约和协定，也是我国法律渊源之一，全国人民代表大会常务委员会有权批准或废除我国同外国缔结的条约和协定，也是权力机关法律监督的一种。⑤对授权立法的监督。包括对授权国务院制定的暂行规定和条例的监督和对授权制定的经济特区的各项单行经济法规的监督。

监督这些规范性法律文件不得同宪法、法律等相抵触，保证法制的统一，并且立法的权限和过程也必须符合法律的规定。

（2）对实施法律活动的监督

对实施法律的活动的监督就是对于行政和司法的监督，目的在于督促行政和司法机关正确、有效地执行宪法和法律，其对象是行政机关的执法活动和司法机关的适用法律的活动。根据宪法和法律的规定，各级的行政、司法机关对产生它的同级权力机关复杂并受其监督。权力机关监督的方式有：听取工作报告和汇报，提出询问和质询，视察和调查，提出批评、建议和受理申诉检举，罢免有关人员的职务等。

应该注意的是，权力机关对于司法机关的监督，应当考虑司法的终局性、中立性和独立性，注重司法活动的专业性，不能将监督变为对司法的干预。

大纲热点

第一章　法的概念

教学大纲：

一、章节性质、目的和培养目标

章节类型：基础法律概念

章节性质：必须掌握的内容

章节教学目的：本章的教学目标是通过对法的特征和法律本质的基本知识点的系统性和重点性阐述，要求学生对法的基本概念含义、法的基本特征和法律本质这类的基本知识的掌握，了解法律的同时在教学过程中向学生介绍现存理论上还存在分歧的问题，启发学生思维。

二、章节内容

本章教学内容主要包括三个主要问题：法和法律的词源含义、法的特征和法律的本质。本章首先通过从法和法律的东西方词源来由的不同，介绍了关于法的历史含义和功能。其次通过与其他社会规范的比较，详细阐述了法律的国家创制性、国家强制性、普遍适用性和特殊规范性的特征。以上两方面的内容也可以看作是法的外部特征，而接下来最后阐述了法律的本质，通过对相关法学学说的介绍，最后主要论述了马克思主义关于法的本质的认识，这也可以看作是法律的内在特征。对法的内在和外在特征的全方位介绍，希望能够对法律有一个比较深入的理解。

三、章节热点

1. 法的词源解释
2. 法的特征
3. 法律本质的相关学说
4. 法律的本质

第二章　法的渊源和法律分类

教学大纲

一、章节性质、目的和培养目标

章节类型：基础法律概念

章节性质：必须掌握的内容

章节教学目的：本章的教学目标是通过对法的渊源和法律分类的基本知识点的系统性和重点性阐述，要求学生对法律渊源的含义、法律渊源的内容、法律类别这类的基本知识的掌握，重点掌握我国的法律渊源。通过对法律的分类依据和各种类别的介绍，使学生对于法律的基本概念有更加深刻的了解。

二、章节内容

本章教学内容主要包括两个主要问题：法律渊源和法律分类。首先对法律渊源的实质含义和形式含义都做了介绍，重点对形式上的法律渊源的类别进行了详细的介绍，然后针对一般的类别，阐述了我国当前的法律渊源。其次介绍了比较重要的几种法律的分类，对于法律分类的依据和各自的特点，必须要重点掌握。

三、章节热点

1. 法律渊源的含义
2. 法律渊源的类别
3. 我国当前主要的法律渊源
4. 法律的各种分类依据及内容

第三章　法律结构和法律效力

教学大纲

一、章节性质、目的和培养目标

章节类型：基础法律知识

章节性质：必须掌握的内容

章节目的：本章的教学目标是通过对法律结构和法律效力的相关基本知识的阐释，让学生能够明确法律规范的系统性，法律效力以法律规范为基础，以及让学生能够进一步地更好地理解法律的内涵。

二、章节内容

本章主要包括两个主要问题：法律结构与法律效力。对于法律结构中的每个法律要素都要理解透彻，也即法律概念、法律规则、法律原则和技术性规定这四项法律要素。关于法律效力，本章主要从定义、等级、范围这三个方面对其进行分析。在其中，要对法律效力范围中的对象效力范围、时间效力范围和空间效力范围做重点理解。

三、章节热点

1. 法律结构中的四个基本要素
2. 法律的对象效力范围
3. 法律的时间效力范围
4. 法律的空间效力范围

第四章　法的价值和法律行为

教学大纲

一、章节性质、目的和培养目标

章节类型：基础法律概念

章节性质：必须掌握的内容

章节教学目的：本章的教学目标是通过对法的价值和法律行为的基本知识点的系统性和重点性阐述，要求学生对法的几种价值有一个初步的了解和印象，理解法律与秩序、法律与自由、法律与正义、法律与平等的关系，还有对法律行为的基本分类这种的基本知识进行掌握。

二、章节内容

本章教学内容主要包括两个主要问题：法律价值和法律行为。法律价值是关于法律内在特征的探讨，应该了解法律的五个基本价值——秩序、自由、正义、平等、效率，它们与法律的关系，法律应该有怎样的内在要求，这些都是法律应该体现出来的。法律配置权利和义务是通过法律行为所表现出来的，立法上配置权利和义务通过规定何种行为可为、何种行为禁止来构建法律规定的具体内容，人们也是通过具体的法律行为来行使权利、履行义务、行使职责等。法律行为的几种基本分类有利于对法律行为的深入了解，需要重点掌握。

三、章节热点

1. 法的几种价值及其各自的内容
2. 法律行为的基本分类

第五章　法律关系和法律责任

教学大纲

一、章节性质、目的和培养目标

章节类型：核心法律知识

章节性质：必须掌握的内容

章节目的：本章的教学目标是通过对法律关系和法律责任的基本知识点的系统性和重点性阐述，保证学生从静态和动态两个方面对法律关系和法律责任的基本知识的掌握，同时在教学过程中介绍学术前沿问题上的分歧与观点，启发学生思维。

二、章节内容

本章教学内容主要包括两个主要问题：法律关系与法律责任。对于这两大问题，可以分别从静态和动态两个层面对其进行分析。关于法律关系，从静态层面分析，即法律关系的内涵、构成要素和分类；从动态层面分析，即法律关系的运行状态，其中包括法律关系的产生、变更和消灭。关于法律责任，从静态层面分析，也即法律责任的内涵和种类；从动态层面分析，也即法律责任的产生、功能和责任的归结、承担和免除等问题。

三、章节热点

1. 法律关系的分类
2. 法律关系的产生、变更和消灭
3. 法律责任的功能
4. 法律责任的归结、承担和免除

第六章　权利、义务和权力

教学大纲

一、章节性质、目的和培养目标

章节类型：基础法律知识

章节性质：必须掌握的内容

章节目的：本章的教学目标是通过对权利、义务和权力的相关知识的梳理，让学生可以清晰地明确权利、义务和权力各自的内涵，以及掌握这三者之间的相互关系。

二、章节内容

本章教学内容主要包括两个主要问题：权利、义务和权力各自的概念分析以及权利和义务、权利和权力之间的关系。对于权利、义务和权力各自的概念分析可以从概念界定、特征、分类等方面进行。明确三者概念的基础上，要重点掌握权利与权力的关系和区别，以及权利与义务之间的相互关系。本章的重点是权利的构成要素、权利与权力的区别以及权利与义务的相互关系。

三、章节热点

1. 权利的构成要素
2. 权利与义务的相互关系
3. 权利与权力的关系和区别

第七章　法系

教学大纲

一、章节性质、目的和培养目标

章节类型：基础法学概念

章节性质：必须掌握的内容

章节教学目的：本章的教学目标是对法系的基本知识点的系统性和重点性阐述，希望学生通过了解法系的相关分类和大陆法系、英美法系的分布情况和特点，对法系知识有一个基础性的掌握。还介绍了一些关于法系的历史传统和发展趋势等，以此启发学生的联想和思维。

二、章节内容

本章教学内容主要是介绍了法系的定义和分类，由此对当今最为重要的西方两大法系的历史传统、特征进行了阐释，希望学生能了解两大法系的形成由来、区别和联系，掌握它们的共同性和区别性，看到法系发展的趋势。

三、章节热点

1. 法系的分类
2. 大陆法系
3. 英美法系
4. 大陆法系和英美法系的区别

第八章　法的制定

教学大纲

一、章节性质、目的和培养目标

章节类型：法律的基础知识

章节性质：必须掌握的内容

章节目的：法的制定也即立法活动，立法活动是法的动态状况，同时也是法的适用的起点。本章的教学目标是介绍我国立法活动的基本制度知识和立法活动的基本程序，让学生从动态层面熟悉法律的基本适用过程。在本章的学习过程中，应适当结合《立法法》的相关知识，更加完整地了解我国的立法活动。

二、章节内容

法的制定也即立法活动，立法活动是法的动态状况，同时也是法的适用的起点。本章主要从法律制定的基本知识、立法理念、立法体制以及立法程序这四个方面对法的制定进行分析。其中，立法理念属于原则性知识，而立法程序则偏重于操作性知识。通过本章的学习，应当明确我国目前的立法体制。

三、章节热点

1. 我国的立法理念
2. 我国当前的立法体制

第九章　法的实施

教学大纲

一、章节性质、目的和培养目标

章节类型：法律的基础知识

章节性质：必须掌握的内容

章节教学目的：本章的教学目标是通过对法律实施这一基本知识点的系统性和重点性阐述，要求学生对法律的实施从守法、执法和司法三方面进行掌握，全面地了解法律整个实施的过程。

二、章节内容

本章教学内容主要包括三个主要问题：遵守法律、执行法律和适用法律。本章从主体、范围、原则等方面去介绍守法、执法和司法的构成要素和行使原则，希望学生能够对法律实施的整个过程有一个宏观的了解和把握。重点介绍了执法和司法的基本原则。

三、章节热点

1. 法律实施的主体
2. 执法的基本原则
3. 司法的基本原则

第十章　法律监督

教学大纲

一、章节性质、目的和培养目标

章节类型：基础法律概念

章节性质：必须掌握的内容

章节教学目的：本章的教学目标是通过对法律监督的基本知识点的系统性和重点性阐述，希望学生能够对国家法律监督和社会法律监督两方面来理解，特别是掌握国家法律监督的主体、职权相关的内容，对于社会法律监督也要有一些初步的了解。

二、章节内容

本章教学内容主要包括两个主要问题：国家法律监督和社会法律监督。法律监督属于法律运行的重要环节，也是现代法治系统的重要组成要素。本章首先介绍了法律监督的概念和构成，系统地阐述了法律监督的国家监督和社会监督两种，并且对于我国的相关法律监督也一并介绍。希望学生能够通过对基础知识的学习，掌握各种法律监督的优劣并能够进行评价。

三、章节热点

1. 法律监督模式
2. 国家法律监督的主体和职权
3. 舆论法律监督